Kreativität für alle

Ulrich Baer

KREATIVITÄT FÜR ALLE
Fantasieanregende Ideen für die pädagogische Arbeit

Kallmeyer
edition: gruppe & spiel

Die Deutsche Bibliothek – CIP-Einheitsaufnahme
Ein Titelsatz für diese Publikation ist bei der Deutschen Bibliothek erhältlich

Impressum
Ulrich Baer. Kreativität für alle. Fantasieanregende Ideen für die pädagogische Arbeit

© 2001 Kallmeyersche Verlagsbuchhandlung GmbH,
30926 Seelze (Velber)
Alle Rechte vorbehalten.

Titel: Dorothea Siermantowski (unter Verwendung einer
© Illustration von Alp Ozberker)
Druck: Hahn Druckerei, Hannover

ISBN: 3-7800-5809-X

INHALT

EINLEITUNG

„Abenteuer beginnen im Kopf", das war die ursprüngliche Idee für den Titel des Buches – nach einem Liedtext von André Heller. Eigentlich ein passender Titel, macht er doch deutlich, dass es sich um Einfälle, um Gedanken handelt, wenn wir von neuen Ideen für die Gestaltung von Allemmöglichen und originellen Problemlösungen – also von Kreativität – reden.

Im Kopf passiert viel: Allgemeinwissen und Erinnerungen, Erlebnisse und Traumfetzen, Medienbilder und Spekulationen, zusammenhanglose Informationen, Töne, Gedankennetze, Halbvergessenes – alles kommt hier zusammen. Auch die Ideen über die Ideen. Aber der Kopf ist trotzdem nicht alles. Zu den Informationen und ihren neuen Verknüpfungen im Gehirn gesellen sich das Gefühl, die Wertvorstellungen, die Gewohnheiten, Stimmungen und körperlichen Reaktionen. Sie beeinflussen die Gedanken und alles zusammen ergibt erst das, was wir den kreativen Einfall nennen.

„Die Gedanken sind frei" – noch eine Zeile aus einem anderen schönen Lied. Es beschreibt die Welt der tabulosen Kreativität. Doch das ist naiv: Selbst im Kopf wird vieles bereits gefiltert („Schere im Kopf"), aber wehe, es wird ausgesprochen, aufgeschrieben, gemalt, komponiert oder gestaltet – dann geht es erst richtig los. Spätestens jetzt müssen sich die Einfälle bewähren, die Bewertung durch Kollegen, Finanzmanager und Statiker steht an. Aber ohne diese kritische Beurteilung und die Versuche, die schönen neuen Ideen zu verwirklichen, bleibt die sprühendste Kreativität eben nur ein Abenteuer im Kopf.

Alles in allem also kein einfacher Weg, den unsere Kreativität aus den Tiefen der rechten und linken Gehirnhälfte bis zur Verwirklichung in unserer realen Welt zurücklegen muss. Aber Hilfe ist nah – nämlich in Gestalt dieses Buches. „Kreativität für alle" stellt Materialien und Methoden bereit, die Ihre persönlichen kreativen Kompetenzen fördern und die das kreative Verhalten und Handeln in Gruppen unterstützen.

Das Buch bietet Ihnen weder vom Anspruch noch von der Form her eine systematisch-wissenschftliche Aufarbeitung des Themas Kreativität, sondern eine reichhaltige Sammlung kreativer Methoden für alle pädagogischen Praxisfelder. Am besten arbeiten Sie dieses Buch nicht ordentlich Kapitel für Kapitel durch. Blättern Sie herum, entdecken Sie ein interessantes Foto, folgen Sie einem Seitenverweis, stöbern Sie durch den Materialteil oder ergänzen Sie ein Mind-Map mit eigenen Gedanken!

Sie werden diese Anregungen für die unterschiedlichsten Situationen gebrauchen können: für die Planung eines Spielfestes genauso wie bei der

Teamsitzung über die Neukonzipierung der pädagogischen Arbeit, im VHS-Seminar ebenso wie im bildhaften Beratungsprozess, für die Gestaltung einer Schülerausstellung wie für Ihr ganz individuelles Kreativitätstraining.

Damit sich Ihnen die Methoden und Materialien für Ihren konkreten Anlass schnell erschließen, haben wir das Buch in fünf Teile gegliedert:

1. 111 Methoden mit vielen Verweisen, Fotos und leicht verständlicher Beschreibung finden Sie im ersten Teil – eine Sammlung für die verschiedensten pädagogischen Praxisfelder vom Kindergarten bis zur Erwachsenenbildung, von der Therapie bis zum Schulunterricht.
2. Im „Konzept-Teil" wird die Anwendung kreativer Verfahren in einem pädagogischen Zusammenhang mit gesellschaftlichen Zielen, Inhalten und Wirkungen sowie besonderen Zielgruppen dargestellt.
3. Der dritte Teil bringt Ihnen Spiele, die Sie sofort in die Arbeit mit Kindern, Jugendlichen und Erwachsenen zur Förderung von Fantasie und Kreativität einsetzen können.
4. Kreative Herausforderungen finden Sie im Materialteil mit zahlreichen „Rätselbildern", Sprüchen und dem „Kreativ-Krabbel-Kasten".
5. Als elektronischen Fundus finden Sie hinten im Buch eine CD-ROM mit vielen Bildern, kleinen Spielen, Materialien und ausdruckbaren Arbeitspapieren.

Die vielgestaltige Präsentation von kreativen Ideen erfordert eine ausgeklügelte Hilfe, damit Sie sich in dieser bunten Sammlung effektiv zurechtfinden. Drei Wege leiten Sie genau zu den Methoden, die für Ihre pädagogische Situation nützlich sein können:

• Unser „Visueller Index" (auf der Umschlag-Innenseite) führt Sie mit Fotos zu den wichtigsten Methoden für die häufigsten Kreativ-Anlässe.
• Ein ausführliches Register hinten im Buch listet eine Fülle von Themen auf, zu denen die kreativen Arbeitsweisen angewendet werden können und verweist auf Methoden in allen Teilen des Buches.
• Jede Methode im ersten Teil wird anschaulich mit einem Foto und einem kurzen Untertitel dargestellt, so dass Sie meistens schon vor dem Weiterlesen einschätzen können, ob sich die Idee für Ihre Zwecke eignet.

Ein Buch über Kreativität entsteht selbst in einem kreativen Prozess: Vieles kommt da zusammen, manches wird verworfen, Neues ergänzt. Beileibe nicht alles ist „auf meinem Mist gewachsen". Das pädagogische Team der Akademie Remscheid, wo ich seit 1973 Fortbildungen durchführe, hat mit Anregungen und Erprobungen reichhaltig beigetragen – vor allem Barbara Schultze (Dozentin für Rhythmik) und Kurt Richter (Dozent für Sozialpsychologie und Beratung). Aber auch Ideen anderer Kollegen und Freunde sind eingeflossen: von Thomas Withöft aus Berlin, Hannelore Winkler aus Wien, Thomas Wodzicki aus Thüringen, Heinrich Fallner aus Bielefeld ... . Der Kurs „Jugendkulturmanagement" ermöglichte mehrere Fotos: Dank dafür an Jürgen Braun, Ines Hoppe, Martin Jonathal, Martin Bauer und alle anderen, die sich auf den Abbildungen wieder finden. Recherchen in den USA, vor allem in San Francisco, haben zahlreiche Beispiele und Materialideen erbracht, u. a. habe ich das Titelbild zu diesem Buch bei einer Open-Air-Kunstausstellung auf dem Union Square in San Francisco entdeckt. Last but not least: Meinem Freund, Alexander Rolland, möchte ich für seine unerschöpflichen Ideen und seine Geduld mit dem Autor danken.

Kreative Prozesse sind besonders wirkungsvoll bei Menschen, die eine selbstsichere, neugierige, optimistische und engagierte Haltung zur Arbeit und zum Leben allgemein entwickeln. Wer kreativ handelt, erfährt durch das Erlebnis der Selbstverwirklichung eine Bestätigung dieser Einstellung.
Ich wünsche mir, dass möglichst viele Leserinnen und Leser mit der Anwendung der hier zusammengetragenen Methoden in dieser Haltung bestärkt werden.

Ulrich Baer

1. TEIL METHODEN

ABC AUSFÜLLEN

Sich Begriffe, Stichwörter, Themen usw. einfallen lassen, die mit den Buchstaben des Alphabets beginnen

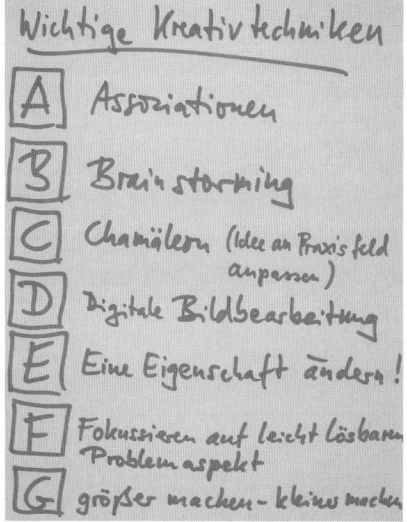

Wichtige Kreativtechniken

A Assoziationen

B Brainstorming

C Chamäleon (Idee an Praxisfeld anpassen)

D Digitale Bildbearbeitung

E Eine Eigenschaft ändern!

F Fokussieren auf leicht lösbaren Problemaspekt

G größer machen – kleiner machen

Eine ähnlich effektive Kreativitätstechnik wie das Brainstorming ist das Ausfüllen einer Buchstabentabelle. An den linken Rand werden die Buchstaben des Alphabets von A bis Z untereinander geschrieben. Dann trägt man allein oder in der Gruppe auf Zuruf Wörter ein, die mit dem jeweiligen Buchstaben beginnen.

Auf diese Weise kommt man zu sehr vielen Einfällen für Namen, Themen oder Ideen für eine bestimmte Sache.

Buchstabenzeilen, hinter denen noch nichts steht, üben einen lei-

sen Druck auf die eigene Fantasie aus, die Leerstellen noch auszufüllen.

VARIANTEN:
- Im Duden wird auf eine beliebige Seite mit A-Wörtern getippt und das Wort dann aufgeschrieben. Dann wird auf ein B-Wort getippt usw. Die so ausgewählten Wörter dienen als Anregung für weitere Begriffe, die einem daraufhin einfallen. Oder: Alle 26 so getippten Wörter müssen in einer Geschichte vorkommen.
- Als Kennenlernspiel füllt jeder die ABC-Liste mit für ihn wichtigen Wörtern aus. Jeder andere in der Gruppe darf dann ein Wort auf jedermanns Liste ankreuzen, zu dem er eine Erläuterung hören möchte.

◆ GESCHICHTE ERFINDEN

◆ IDEEN SAMMELN

◆ KENNENLERNSPIEL

◆ KREATIVITÄTSTECHNIK

◆ NAMENSGEBUNG

◆ VERANSTALTUNGSPROGRAMM
   ZUSAMMENSTELLEN

ADVENTSKALENDER ALS KENNENLERNSPIEL

Kleine Bilder über sich hinter Adventskalender-Türchen kleben

Jeder malt drei Dinge über sich auf einzelne kleine Blätter. Dann werden in einen großen Bogen Plakatkarton dreimal so viele Türchen geschnitten wie Personen in der Kleingruppe sind. Alle kleben ihre Bildchen hinter die Türen und schreiben ihre Namen auf die Türen! Dann werden sie wie bei einem Adventskalender geöffnet und die Bilder erklärt.

Statt Adventskalender könnte man außerhalb der Vorweihnachtszeit auch einen Autobus mit vielen Fenstern, einen Eisenbahnzug oder ein Haus mit Fenstern und Türen aufmalen oder einen Küchenschrank mit vielen Schubläden und Türen.

Hinter den Türchen könnte man auch Fotos von Bewohnern einer Wohngruppe oder einer Kindergartengruppe kleben. Oder man kann eine kleine Schachtel anbringen, in der ein für die Person typischer Gegenstand liegt – das kann dann sogar die Gestalt eines kleinen Puppenhauses annehmen.

Siehe auch: „Schuhkartons gestalten", S. 96 und „Schlüsselloch-Effekt", S. 94

◆ KENNENLERNEN

◆ SELBSTDARSTELLUNG

ALLES ERST MAL FALSCH MACHEN!

Sich zunächst alle Maßnahmen zur Verhinderung des Ziels ausdenken, dann diese ins Gegenteil verkehren

1. Wenn die Gruppe ein positives Ziel vor Augen hat, dann sammeln alle in einem ersten Schritt alle Maßnahmen, die zur Verhinderung des Ziels führen würden, schreiben die Einfälle auf einzelne Kärtchen und heften sie nebeneinander an.

2. Im zweiten Schritt werden dann alle Ideen jeweils unter die Kärtchenreihe der Verhinderungsideen angeheftet, die das genaue Gegenteil darstellen.

3. Nun werden einige Positiv-Ideen ausgewählt und auf Paare aufgeteilt, die sich in begrenzter, kurzer Zeit Gedanken dazu machen sollen, wie man diesen Vorschlag verwirklichen könnte.

4. Dann berichten die Paare im Plenum ihre Vorschläge für die Realisierung.

5. Eine abschließende Bewertung erfolgt durch „Experten" (können die tatsächlich Zuständigen oder Rollenspieler aus der Gruppe sein) für Finanzen, Personalwesen, Materialeinkauf, Öffentlichkeitsarbeit, Politikerkontakte, Jugendbeirat.

◆ IDEEN SAMMELN

◆ KREATIVITÄTSTECHNIK

◆ VORSCHLÄGE BEWERTEN

AM SCHEIDEWEG

Entscheidungen in der Gruppe durch Visualisierung diskutierbar machen

Dieses Bild wird mit dem Fotokopierer vergrößert und jeder in der Gruppe bekommt ein Exemplar. Es dient dann als Hintergrund für eine hineinzumalende Entscheidung, vor der das Gruppenmitglied steht oder gestanden hat.
Die Alternative sollte möglichst visuell dargestellt werden.
Beispiele für Entscheidungen: Berufswahl, zwischen zwei Freundinnen oder Urlaubszielen, Anschaffungen, auch alltägliche Entscheidungen, wie z. B. Freizeitunternehmungen oder bestimmte Kleidung anzuziehen … aber es können natürlich auch ganz gravierende Entscheidungen sein: Kind bekommen oder Schwangerschaft

abbrechen, ins Ausland gehen oder nicht …
Die Entscheidungsbilder werden dann reihum vorgestellt und in der Gruppe diskutiert: Hätte es auch noch einen dritten oder sogar vierten Weg gegeben? Wie weit konnte selbst entschieden werden oder gab es kaum eine Wahlfreiheit? Würdest du dich heute noch mal so entscheiden? Was hat den Ausschlag für die Entscheidung gegeben?

◆ ENTSCHEIDUNGSREFLEXION

◆ KREATIVE LEBENSGESTALTUNG

◆ LEBENSKUNST

ARBEITSPLATZ DEFINIEREN

Bei einer halben Stelle Erwartungen und eigene Wünsche an Arbeitsinhalte klären

ARBEITS-
SCHWERPUNKTE
– ERWARTUNGEN:

Erwartete Arbeitsaufgaben bei einer halben Stelle (sonst ganzen Kreis malen) in den oberen Halbkreis als „Tortenstücke" hineinzeichnen. Dann in den unteren Halbkreis die eigenen Wünsche einzeichnen. Anschließend mithilfe eines Brainstormings überlegen, mit welchen Maßnahmen man beide Halbkreise deckungsgleich bekommt.

VARIANTE:
Vergleich IST und eigener Wunsch und als dritten (Halb-)Kreis ZIELE meines Arbeitgebers

ARBEITS-
SCHWERPUNKTE
– EIGENE
WÜNSCHE:

◆ ARBEITSPLATZ

◆ BERUFSVORBEREITUNG

◆ EVALUATION

◆ MANAGEMENT

◆ SUPERVISION

BESTANDTEILE KREATIVER PROJEKTE

Ideen für die Planung kreativer Gruppenarbeit

Projekte und thematische Jugendreisen können so unglaublich vielfältig sein, dass man ihre möglichen Bestandteile gar nicht alle im Kopf haben kann.
Hier eine kleine Liste:
- Ausstellung besuchen
- Recherche in Bibliothek und Internet
- (Telefon-)Interviews bei Experten
- eingeladene Experten erzählen
- Diskussionsspiel
- Spiele entwickeln
- Fernsehsendungen (und nicht nur Schulfernsehen!) aufnehmen und anschauen
- Animationsfilme/Spielfilme zum Thema beim Landesfilmdienst leihen und ansehen
- mit anderen Jugendgruppen chatten
- Multimedia-CD-ROMs durchstöbern
- Videofilm/Videoclip drehen
- Umfragen auf der Straße oder in Institutionen
- Talkshow oder Hearing durchführen

- Quiz ausdenken
- Theaterszenen/Rollenspiel erarbeiten und vorspielen
- eine thematische Rallye erarbeiten
- vertonte Diaschau oder Computer-Präsentationsschau erarbeiten
- Fotogeschichten ausdenken, fotografieren und veröffentlichen
- Beitrag für Schülerpresse oder Jugendzeitschrift verfassen
- Gedicht- oder Kurzgeschichten-Wettbewerb
- kleines Museum/Ausstellung gestalten
- Denkmal bauen

Für Langeweile ist bei diesen Projekten keine Zeit, sie machen Spaß und die Gruppe kann sich immer wieder mit dem zu erarbeitenden Thema beschäftigen.

◆ KREATIVMETHODEN

◆ LERNEN

◆ PROJEKTIDEEN

BEZIEHUNGSNETZWERKE

Orientierung über die eigene Beziehungsstruktur verschaffen

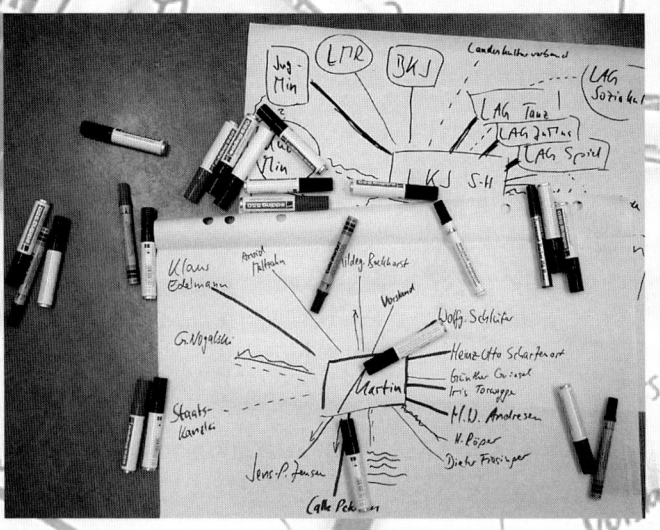

Um das eigene soziale Netzwerk nicht dem Zufall zu überlassen („Ich hab da neulich jemanden kennen gelernt."), sondern um es aktiv zu verändern, auszubauen und zu nutzen, ist es notwendig, sich über Beziehungen, Partnerschaften und Kooperationspartner im Klaren zu sein. Ganz besonders wichtig ist diese Orientierung im Arbeitsleben.

Mit wem kooperiere ich/wir? Wie intensiv ist die Beziehung? Wer ist der Motor der Zusammenarbeit? Was möchte ich an der Beziehung ändern?

Malen Sie sich eine Beziehungslandkarte auf – Sie im Mittelpunkt und dann die verschiedenen sehr nahen oder eher fernen Partner. Diskutieren Sie diese Grafik mit anderen (nicht aus derselben Institution) und überlegen Sie, was Sie gerne ändern würden und wie man das angehen könnte.

Siehe auch: „Teamdenkmal",
S. 103

◆ BEZIEHUNGEN

◆ KOOPERATION

◆ ORIENTIERUNG

BILDER IN EINE CHOREOGRAFIE VERWANDELN

Bilder als Ideen für Spiel-, Tanz- und Bewegungsentwicklung nutzen

Einige Bilder bieten sich geradezu an, um aus ihnen eine interessante kleine Tanzszene zu entwickeln. Unser Beispielbild stammt von Paul Klee.
Drei Möglichkeiten dazu:
- Kontrastierend zum Bild das genaue Gegenteil aufführen und das Bild auf den Hintergrund projizieren.
- Die Vor- und Nachgeschichte des Bildes in Szene setzen (wenn man annimmt, dass das Bild eine Momentaufnahme ist).

- Die Bewegung im Bild verkleinern (Trippelschrittchen) oder vergrößern (ganze Brücke bewegt sich) oder entgegengesetzt (nach rückwärts) aufführen.
Fragen schaffen hierzu Denkanstöße, z. B.: Woher kommen die Viaduktbögen? Waren sie mal eine Brücke? Wo laufen sie hin – und warum? Stehen sie symbolisch für Revolutionäre oder Streikende? Warum sind sie ihr Brückendasein leid? Weichen die Viadukte vielleicht sogar zurück?

VARIANTEN:
Szenisches Spiel, Schattentheater, Computer-Trickfilm

◆ BILDER

◆ CHOREOGRAFIE

◆ DENKANREGUNGEN

◆ SPIELE ERFINDEN

◆ TANZGESTALTUNG

BILDMONTAGEN SELBER MACHEN

Mit Bildbearbeitungssoftware aus eingescannten oder Digitalfotos verrückte Montagen/Collagen gestalten

Schon mit sehr preiswerten Bildbearbeitungsprogrammen (z. B. Paint Shop, Foto Express, Picture it!) kann man aus eingescannten oder digital fotografierten Bildern am Computer Ausschnitte markieren und diese in andere Bilder einfügen, so dass eine verrückte Montage oder Collage entsteht. Entweder erarbeitet man in der Gruppe mit gleichem Bildmaterial unterschiedliche Collagen oder mit verschiedenen Bildern Collagen zu einem vorher verabredeten Thema oder Motto.

◆ COLLAGE

◆ FOTOGRAFIE

◆ KREATIVÜBUNG

◆ THEMA BEARBEITEN

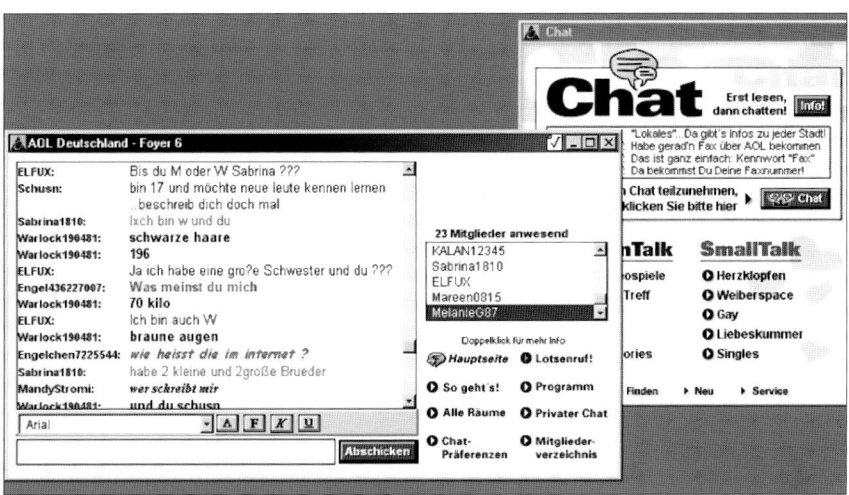

CHAT-ROLLENSPIELE

Sich in einer ausgedachten Rolle am Internet-Chat beteiligen

Im Internet-Chat (oder beim Chat in AOL oder t-online) eine andere Person spielen als man in Wirklichkeit ist. Name, Alter, Geschlecht, Beruf, Interessen erfinden – sich eine komplette Persönlichkeit ausdenken und dann als solche mit anderen Menschen sich per PC-Tastatur unterhalten. Das ist kein Lügen, sondern ein fantastisch kreativer Spaß. Wen moralische Skrupel plagen, der kann das Spiel gegen Gesprächsende ja aufklären. Und wahrscheinlich ist der Gesprächspartner ja auch eine pfiffige Erfindung!

Für Kinder und Jugendliche besteht so die Möglichkeit wie im pädagogischen Rollenspiel Verhaltensweisen und Charaktere auszuprobieren, die sie in der Realität nicht oder noch nicht leben können.

◆ INTERNET-CHAT

◆ KREATIVE COMPUTERANWENDUNG

◆ KREATIVITÄTSTRAINING

◆ ROLLENSPIEL

DAS GRUPPEN-FAHRRAD

Unterschiedliche Rollen von Gruppenmitgliedern werden symbolisch an Fahrrad-Gegenständen dargestellt

Für jedes seiner Gruppenmitglieder klebt einer einen Namenszettel an eine Stelle eines richtigen Fahrrads, wo es ihm passend erscheint (wenn einer das Geschehen sehr stark bestimmt, vielleicht an den Lenker, wer sehr fleißig arbeitet bekommt sein Namensschild vielleicht an die Pedale usw.).
Dann wird das so beklebte Fahrrad allen erläutert.
Danach klebt der nächste Teilnehmer seine Gruppe an.

Oder: Dieselben Personen werden simultan von verschiedenen Teilnehmern angeklebt – als Zeichen unterschiedlicher Fremdwahrnehmung und Sichtweisen.

◆ AUSWERTUNG

◆ GRUPPENPÄDAGOGIK

◆ ROLLEN

◆ TEAM

◆ SUPERVISION

◆ WAHRNEHMUNG

DAS KREATIVE REFERAT

Kreative Möglichkeiten zur abwechslungsreichen Gestaltung eines Vortrags

Hier habe ich zusammengestellt, was man alles zur Anschaulichkeit und zur Zuhörerbeteiligung in ein, wegen der einbahnigen Kommunikationsstruktur, ansonsten langweiliges Referat einbauen könnte:

ERÖFFNUNG:
- passenden Song abspielen
- verkleidet ans Rednerpult treten
- eine Publikumsumfrage machen
- Zitat, Tagebuchnotiz, (Leser-)Brief

ILLUSTRATION:
- Geschichte erzählen (Fabel, Märchen, Utopie, Erlebnis)
- Gegenstände hochhalten oder durchgeben
- Experiment vorführen

- sich zu unterschiedlichen Positionen auf mehrere Stühle (Barhocker) setzen
- jegliche Form der Visualisierung: Grafiken, Dias, Präsentationsschau, Tabellen , Thesen, Modellbauten …

INTERAKTION:
- Publikum stimmt über Schwerpunkt ab
- spontanes begrenztes Streitgespräch
- Meinungsumfragen mit vorher verteilten roten, grünen, gelben Karten
- kleine Experimente im Publikum jeder für sich oder mit Nachbarn

Siehe auch: „Einen Ablauf theatralisch darstellen", S. 33 und „Kreativer Einstieg", S. 70

◆ BERICHT

◆ PRÄSENTATION

◆ VERANSTALTUNGSPLANUNG

DAS MUSEUM ÜBER MICH

Jeder gestaltet mit kleinen Gegenständen und Symbolen ein persönliches Museum

MATERIAL:
gesammelter Krimskrams, Spielfiguren, kleine symbolische Gegenstände

Vorbereitet wird ein großer Korb oder Kasten mit viel Krimskrams, Plastikfiguren und kleinen symbolischen Gegenständen. Möglichkeiten zum Basteln und Malen stehen auch zur Verfügung. Jeder gestaltet nun ein kleines persönliches Museum mit etwa drei Gegenständen oder auch Zeichnungen. Eingebaut werden können natürlich auch konkrete persönliche Gegenstände. Den Gegenständen werden wie in einem richtigen Museum kleine Hinweisschildchen zugeordnet. Dann führt jeder die Gruppe durch sein Museum und erklärt die Bedeutung der Ausstellungsstücke.

◆ GESTALTUNGSSPIEL

◆ KENNENLERNEN

◆ MUSEUM

◆ SELBSTDARSTELLUNG

DAS RELIEF MEINES LEBENS

Mit Applikationen sein bisheriges Leben mit Materialmetaphern darstellen

MATERIAL:
sehr materialintensiv – gebraucht werden viele Abfallstücke aus Holz, Metall, Textilien, Folien usw.

Sie kennen vielleicht diese Methode sein Leben als Kurve (mit Höhen und Tiefen) darzustellen und den anderen in der Gruppe mithilfe dieser Grafik davon zu berichten? Mein Vorschlag ist ganz ähnlich: Stellen Sie den Ablauf – z. B. des beruflichen Teils Ihres Lebens – mit Materialien dar. Watte, harte Schrottteile, glatte Stoffe, ein Stück Goldfolie, wirr verknotete Wollfäden, Rädchen aus einem alten Wecker … Gestalten Sie ein Relief Ihres Lebens über einer gedachten Zeit-achse und überlassen Sie dann erstmal ihren Betrachtern eine assoziative Interpretation.
Stellen Sie dann ihr Kunstwerk fünf Jahre auf den Speicher und entdecken Sie es später beim Aufräumen wieder – es ist ein Erlebnis wie in alten Schulheften zu blättern!

VARIANTE:
Stellen Sie doch einmal den Ablauf eines beendeten Projekts als ertastbares Relief dar.

◆ BIOGRAFIE

◆ METAPHER

◆ PRÄSENTATIONSFORMEN

◆ PROJEKTBERICHT

DENKANSTÖßE DURCH TEXTE

Fragen, Zitate, Aphorismen, Talkshowthemen, Werbesprüche als Denkanstöße

Wenn Ihnen mal nichts so richtig einfallen will: Lassen Sie sich von Fragebögen, Zitaten, Aphorismen und Sprüchen, Listen mit den Themen der täglichen Talkshows oder von Werbesprüchen anregen. Es klappt!

Besonders nachdenklich haben mich die Fragebögen des Schweizer Schriftstellers Max Frisch (Andorra, Biedermann und die Brandstifter) gemacht, die im Suhrkamp-Verlag Frankfurt/M. erschienen sind.

Weitere Zitate finden Sie hier: Duden Band 12, Zitate und Aussprüche. Mannheim: Dudenverlag

Suck, Bernhard: 3333 Zitate. Data Beckers Goldene Serie. CD-ROM. Düsseldorf: Data Becker.

Puntsch, Eberhard: Zitatenhandbuch. CD-ROM oder Buch. München: v. Rheinbaben & Busch Verlag 1997.

24.000 Zitate finden Sie auf den Webseiten von Peter E. Schumacher und Thomas Schefter: www.aphorismen.de

Und die Krönung des Ganzen: 34.000 Sprüche und Zitate die Sie sich in von der Internetadresse www.chronik.ch herunterladen können.

Außerdem gibt es ein Buch mit provozierenden Fragen, allerdings auf englisch, aber über amazon.de ist es leicht zu beschaffen: Evelyn McCane, if … questions for teens, Villard Verlag, New York 2001.

◆ DENKANREGUNGEN

◆ FRAGEBOGEN

◆ KENNENLERNEN

◆ SELBSTERFAHRUNG

◆ VERANSTALTUNGSPLANUNG

◆ ZITATE

Max Frisch Fragebogen
suhrkamp taschenbuch

Halten Sie sich für einen guten Freund?
Was empfinden Sie als Verrat:
a. wenn der andere es tut?
b. wenn Sie es tun?
Wie viele Freunde haben Sie zur Zeit?
Halten Sie die Dauer einer Freundschaft (Unverbrüchlichkeit) für ein Wertmaß der Freundschaft?
Was würden Sie einem Freund nicht verzeihen:
a. Doppelzüngigkeit?
b. daß er Ihnen eine Frau ausspannt?
c. daß er Ihrer sicher ist?
d. Ironie auch Ihnen gegenüber?
e. daß er keine Kritik verträgt?
f. daß er Personen, mit denen Sie sich verfeindet haben, durchaus schätzt und gerne mit ihnen verkehrt?
g. daß Sie keinen Einfluß auf ihn haben?
Möchten Sie ohne Freunde auskommen?
Halten Sie sich einen Hund als Freund?
Ist es schon vorgekommen, daß Sie überhaupt gar keine Freundschaft hatten, oder setzen Sie dann Ihre diesbezüglichen Ansprüche einfach herab?
Was fürchten Sie mehr: das Urteil von einem Freund oder das Urteil eines Feindes?

DER ETWAS ANDERE PERSONALBOGEN

Kennenlernen mit dem Ausfüllen eines kleinen Fragebogens

Jeder füllt in ca. sieben Minuten seine „Personalakte" aus und klebt ein Bild von sich an die passende Stelle. Dann setzt man sich in Kleingruppen mit drei bis vier Teilnehmern zusammen und stellt sich gegenseitig mit Rückfragen seine Personalakte vor.

Siehe auch: „Tätigkeitsstreifen", S. 101

Name:
Organisation:
Zielgruppe(n) meiner Arbeit:
Meine drei wichtigsten Aufgaben: 1., 2., 3.
Störstellen auf meiner Arbeit:
1., 2., 3.
Situationen, die ich an meiner Arbeit besonders mag:
1., 2., 3.

◆ ARBEITSPLATZ

◆ KENNENLERNEN

◆ SUPERVISION

◆ TEAM

DIE BEFRAGUNG DER FÜNF PERSONEN

Sich in fünf vorgestellte Personen hineinversetzen und überlegen, was die kritisieren würden

Ein wichtiger Schritt auf dem Weg kreativer Arbeit ist die Kritik an Bisherigem. Wenn ich etwas verbessern will, wenn ich weiter vorankommen will, wenn wir beim nächsten Mal oder im nächsten Jahr etwas anders machen wollen, müssen wir das Vergangene oder bisher Erarbeitete auswerten, kritisieren, evaluieren.

Der amerikanische Autor Eric Maisel hat mich auf folgende Auswertungsmethode gebracht:

Du schilderst das, was du auswerten willst nacheinander fünf bestimmten Personen und stellst dir vor, was sie wohl davon halten, wie sie reagieren, was sie verbessern würden.

Wer sind diese fünf Personen?

- der zehnjährige Nachbarsjunge
- die Frau an der Kasse von deinem Supermarkt
- dein/e Lieblingslehrer/in
- dein Feind in der Firma/Institution
- Petrus am Himmelstor

Stell dir nacheinander ganz ruhig und detailliert vor, was diese fünf Personen von deiner Idee, deiner Arbeit, deinem Produkt (oder was immer du auswerten und verbessern möchtest) halten.

Jede Person, in deren Reaktion du dich hineinversetzen sollst, repräsentiert eine bestimmte Sichtweise.

Notiere dir ihre Einwände, was sie nicht verstanden haben, was ihnen nicht gefallen hat, was sie anders machen würden.

◆ EMPATHIE

◆ EVALUATION

◆ IMAGINATION

◆ KRITIKFÄHIGKEIT

DIE GESCHICHTE DES BAUMS

Jeder erfindet die Geschichte eines Baums, dessen Bild man gewählt/gezogen hat

MATERIAL:
Bilder von Bäumen

Paarweise oder einzeln wird aus einem Stapel das Bild eines Baumes gezogen und jedes Paar oder jeder einzelne Mitspieler denkt sich in drei Minuten die Geschichte des Baums aus.

• Was hat der Baum alles schon erlebt und gesehen?
• Warum ist er gerade so gewachsen?
• Was hat sich im Laufe seines Lebens in seiner direkten Umgebung verändert?
• Was wurde schon alles mit ihm gemacht?

Dann werden nacheinander die Bilder gezeigt und die Geschichten erzählt. Es kann auch reizvoll sein, einige Bilder doppelt zu haben und die unterschiedlichen Geschichten zu demselben Bild zu hören.

VARIANTE:
Jeder wählt sich ein sympathisches Baum-Bild. Dann erzählt man in einer Kleingruppe, warum man sich gerade diesen Baum ausgesucht hat und was der Baum mit dem eigenen Leben zu tun hat.

HINWEIS:
Viele Baum-Bilder finden Sie auf der CD-ROM.

◆ GESCHICHTEN ERFINDEN
◆ KREATIVITÄTSTRAINING

DIE MAGISCHE KUGEL

Unterschiedliche Assoziationen in der Gruppe austauschen

Erzählen Sie in der Gruppe unten stehende Fantasiegeschichte. Stellen Sie dazwischen immer wieder Fragen und beenden Sie die Geschichte nach ca. fünf Minuten. Wenn beim Anhören der Geschichte die Augen geschlossen werden, fallen den Zuhörern die Fantasievorstellungen leichter. Anschließend tauscht man sich über die Fantasien und verschiedene Assoziationen aus.

„Stell dir vor, du betrittst ein altes, etwas verfallenes Haus. Im Flur führt eine nicht sehr Vertrauen erweckende Holztreppe nach oben. Du gehst neugierig hoch. Die Stufen knarren. Oben öffnest du eine der Türen. Du gehst in den Raum hinein. Mitten im Raum steht ein großer Tisch. Darauf liegt etwas Rundes. Im Halbdunkel erkennst du nur, dass es eine Art Kugel ist. Du gehst näher, betrachtest die Kugel genauer, hebst sie hoch."

Dann stellen Sie langsam nacheinander mehrere Fragen zur Beschaffenheit und zum Sinn der Kugel:

„Was ist das für ein Material? Die Farbe? Größe? Ist die Kugel schwer? Probier aus, ob sie leicht rollt? Wofür mag die gut sein? Wer hat sie hier auf den Tisch gelegt?" Die Geschichte geht noch kurz weiter:

„Nimm jetzt die Kugel mit und geh` vors Haus. Dort kommt dir ein guter Freund entgegen. Er fragt dich nach der Kugel. Was macht ihr beide mit ihr? … Plötzlich rollt die Kugel blitzschnell weg. Ihr könnt ihr nicht folgen. Wo rollt sie vermutlich hin? … Jetzt ist sie weg und unsere Geschichte zu Ende."

Ideen für weitere Fantasiegeschichten:

Reise auf die Venus. Als ich immer kleiner wurde. Plötzlich stellte ich fest, dass ich unsichtbar war. Der Tag, an dem ich fliegen konnte.

LITERATURHINWEIS:
Der Magische Kubus.
Scherz-Verlag, Bern 1995

◆ ASSOZIATIONEN

◆ FANTASIEGESCHICHTE

◆ KREATIVÜBUNG

ECKIG UND RUND

Symbolische Reflexion über vergangene Zeitperiode (z. B. seit letzter Gruppenstunde, Supervisionssitzung)

 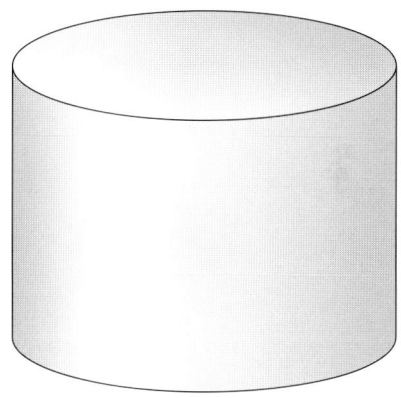

Jeder bekommt zwei Blätter DIN-A4-Papier und eine Schere. Aus dem einen Blatt eine runde Form ausschneiden: Wolke, Oval, Kreis. Aus dem anderen Blatt eine eckige Form ausschneiden: Stern mit Zacken, Vieleck, Rechteck. Die runde Form steht für eine angenehme Erfahrung, Ereignis, Erlebnis – die eckige Form für etwas Unangenehmes.
Zwei, drei Stichwörter können in die Form geschrieben oder gemalt werden. Dann werden die Blätter aufgehängt und sich gegenseitig vorgestellt.

◆ AUSWERTUNG

◆ GRUPPENSTUNDEN

◆ REFLEXION VON ERFAHRUNGEN

◆ SUPERVISION

EIN ZETTELKASTEN ALS ANREGUNG

Zettelkasten mit Zitaten, Bildern, Eintrittskarten u. a. als Ideenspender anlegen

Legen Sie sich einen schönen Zettelkasten zu. In diesem sammeln Sie Zitate, Bilder, gute Vorsätze, Zeitungsausschnitte, Witze, Sprüche, Eintrittskarten von Veranstaltungen … alles, was Sie anregend finden („Man weiß nie, wann man diesen Spruch mal nutzen kann"). Stöbern Sie in diesem Kasten nicht nur, wenn Sie einen Vortrag ausarbeiten, sondern wenn Sie überlegen, wie man einen Sponsor finden könnte oder wie die Weihnachtsfeier des Kindergartens in diesem Jahr gestaltet werden könnte. Ein Anregungskasten für alle Gelegenheiten, bei denen Sie auf neue Ideen kommen wollen.

Siehe auch: „Sammelsurium-Museum", S. 93

VARIANTE:
Sehr systematische Menschen nutzen den Computer, um Sprüche, Bilder und Ideenschnipsel zu speichern. Vergessen Sie dann nicht eine gute Verstichwortung!

VARIANTE:
Ein großer schöner Kasten sollte zum Ideensammeln auch in jeder Schulklasse, Jugendgruppe oder Kindergartengruppe stehen!

◆ **IDEEN SAMMELN**

◆ **KREATIVIMPULS**

◆ **KREATIVITÄTSTECHNIKEN**

◆ **SAMMELN**

◆ **VERANSTALTUNGSPLANUNG**

EINE AUFGABE MIT AUF DEN WEG GEBEN

Einen spielerischen Verbindungsweg zwischen zwei Spielstationen oder Veranstaltungsräumen entwerfen

Eine Verbindung zwischen zwei Veranstaltungsräumen oder zwei Spielstationen soll spielerisch bewältigt werden, d. h. die Besucher sollen mit einer bestimmten Spielaufgabe den Weg absolvieren.

Einige Aufgaben-Beispiele:
- Ausgelegte Ringe: Von Ring zu Ring hüpfend.
- Auf Boden und einigen Treppenstufen Bierdeckel auslegen: Man darf nur auf die Bierdeckel treten.
- Durch einen aus Tischen bestehenden Tunnel kriechen.

- Über eine nebeneinander gestellte Reihe von Stühlen klettern.
- Durch ein Labyrinth aus herabhängenden Stoff- oder Papierbahnen sich hindurchbewegen.
- Auf Seilen entlanglaufen.
- Über Bretter, die über Balken als Wippen arrangiert wurden, vorsichtig balancieren.
- Mit Seil tarzanmäßig über „Abgrund" hinüberschwingen.

◆ KREATIVE BEWEGUNGSAUFGABEN

◆ SPIELAKTION

◆ VERANSTALTUNGSPLANUNG

EINE KLEINIGKEIT VERÄNDERN

Auf neue Ideen kommen, indem man ein Merkmal
des Bekannten ändert

Sie planen eine Veranstaltung, eine Gruppenaktivität, ein neues Produkt, eine Gruppenreise, eine Konferenz … was immer. Wenn Sie etwas Neues entwickeln wollen, dann überlegen Sie sich die Eigenschaften und Merkmale des Bisherigen und ändern Sie eine Eigenschaft.

Einige Beispiele:
- Veranstalten Sie die Gruppenstunde statt jeden Freitag um 17.00 Uhr mal Samstagnacht.
- Wenn die Konferenz immer mit einem Essen beendet wurde, bieten Sie die Häppchen doch mal zu Beginn an.

- Wenn das jährliche Festival immer mit einer Rede des Bürgermeisters eröffnet wurde, zeigen Sie diesmal einen aufregenden Film aus Japan.

Diese Methode ist im kommerziellen Management (Produktmarketing) als „Morphologische Analyse" bekannt. Man analysiert alle Einzelheiten in der Erscheinungsweise eines Produkts und ändert dann ein Merkmal.

◆ KREATIVITÄTSTECHNIK

◆ MORPHOLOGISCHER KASTEN

◆ VERANSTALTUNGSPLANUNG

EINEN ABLAUF THEATRALISCH DARSTELLEN

Den Ablauf eines Projekts vorführen statt nur zu referieren

Inis, Bibliotheksleiterin aus Chemnitz, hat ihr Projekt sehr einfallsreich präsentiert – fast in Form einer kompletten Theatervorstellung.

In vorgespielten Metaphern hat sie dargestellt, wie sie den roten Faden verfolgt hat, durch Misserfolge sich wie ein begossener Pudel vorkam, durch Anfangserfolge ihre Stimmung auf dem Höhepunkt war usw.

Durch die kreative Art ihrer Darstellung ist mir diese Schilderung des Projektablaufs am stärksten im Kopf geblieben.

Probieren Sie mal solche oder ähnliche darstellbaren Bilder in ein Referat einzubauen.

Stellen Sie auf diese Art und Weise ihren Lebenslauf dar! (Jetzt denken Sie nicht gleich: So'n Quatsch – wozu denn? Nehmen Sie es als Kreativübung für sich selbst. Sie werden sich wundern, was Ihnen alles Neues über Ihr Leben einfällt.)

Siehe auch: „Das kreative Referat", S. 21

◆ KREATIVÜBUNG

◆ PRÄSENTATIONSFORMEN

◆ PROJEKTBERICHT

EINTRITTSKARTE/FAHRAUSWEIS GESTALTEN

**Personalisierte Ausweise oder Visitenkarten
(z. B. für Spielaktionen) gestalten**

Vor dem Beginn einer Spielaktion oder eines ähnlichen Kreativprojekts wird von allen ein „Mitgliedsausweis" oder – je nach Thema der folgenden Aktion – eine Fahrkarte, Eintrittskarte, Pass o. Ä. gestaltet. Da gehört ein Sofortbild (Digitalfoto oder Polaroid) drauf, groß der Name und ein paar kurze Angaben zur Person: Alter, Hobby, Wohnort, Beruf/Schule, unveränderliche Kennzeichen, Wünsche an die Zukunft, Macken.
So ein Ausweis kann auch gegenseitig nach einem kleinen Interview ausgefüllt werden. Diese Karten müssen jedenfalls bei jeder Spielstation oder Kleingruppenaktivität vorgezeigt und ggf. abgestempelt oder gezwickt werden.

Siehe auch: „Der etwas andere Personalbogen", S. 25

◆ FOTOGRAFIE

◆ IDENTITÄT

◆ KENNENLERNEN

◆ SPIELAKTION

ELF KLEINE KREATIVITÄTS-HELFER

Hilfen gegen den „toten Punkt" beim schöpferischen Denken

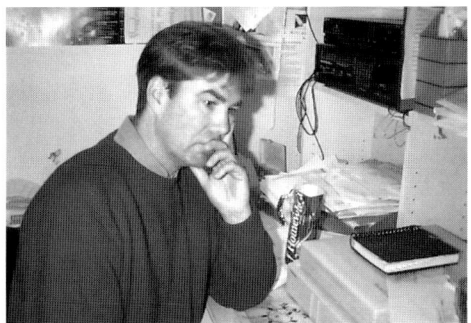

Wenn Sie eine Denkblokade haben, brüten und brüten, und es will Ihnen nichts einfallen, oder eine Gruppe hat den berühmten „toten Punkt" erreicht, gibt es grundsätzlich folgende vier Hilfsmöglichkeiten:

Ursachen für den „toten Punkt" herausfinden und abstellen:
• Zu müde? Oder etwa hungrig?
• Sozialstruktur in der Gruppe ungünstig?
• Motivation unzureichend?

Sich ablenken und kurzfristig etwas ganz anderes tun:
• Pause machen, spazieren gehen, Gruppenmassage
• aufstehen, Fernseher anmachen
• sich etwas zu trinken holen

Anregungen von außen organisieren:
• zu jemanden gehen und ihn zum Thema befragen (oder telefonieren)
• Bildkarten oder Kramkiste o. Ä. durchstöbern
• Zitatesammlung durchblättern

Statt denken und reden – handeln!
• Eine begrenzte Phase des Ausprobierens (Basteln, Proben, Spielen, Experimentieren) einfügen. Dann wieder zusammen kommen und berichten.

Wenn das alles nichts hilft:
• Dann bleibt immer noch die Möglichkeit, ein Brainstorming zur Frage zu machen: Was macht man bei einem „toten Punkt"?

◆ BERATUNG

◆ BLOCKADE

◆ GRUPPENPÄDAGOGIK

◆ TOTER PUNKT

ERINNERUNGSKARTE AN SICH SELBST

Selbst gemalte Ansichtskarte Wochen später an sich selbst schicken lassen

Bei einem Ereignis (z. B. einem Auslandsbesuch, einer Klassenreise, einer Fortbildung) eine Ansichtspostkarte selbst bemalen und beschriften, dann an sich selbst adressieren und dafür sorgen, dass jemand die Karte Wochen oder Monate später zur Post gibt. Eine perfekte Erinnerung! Man könnte auch ein Feed-back an eine andere Person in der Gruppe (oder gute Wünsche für sie oder ihre Entwicklung) auf die gemalte Karte schreiben und die Karte dann an diese Person adressieren – und vice versa.

◆ AUSWERTUNG

◆ FEED-BACK

◆ GRUPPENPÄDAGOGIK

◆ RÜCKBESINNUNG

◆ SCHLUSSPHASE

ES GIBT IMMER DREI MÖGLICHKEITEN!

Ein Spiel zur Stimulation der Fantasie und gegen erdrückende Ausweglosigkeit und Resignation

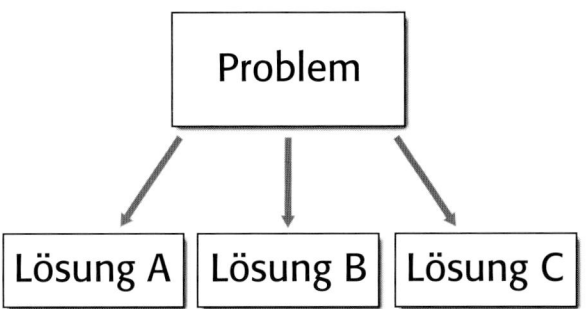

Auf kleinen Kärtchen sammelt man in der Gruppe „schwierige Situationen". Es dürfen ruhig auch unwahrscheinliche oder sehr lustige und peinliche Fälle dabei sein. Drei Beispiele:

- Auf einem untergehenden Segelboot sind für alle Schwimmwesten vorhanden, bloß deine funktioniert nicht.
- Bei einem Abendessen bei deinem Chef zu Hause musst du plötzlich ganz laut furzen.
- Vater möchte im Fernsehen eine Sportsendung sehen, Mutter eine Reportage über die neue Pariser Mode.

Dann werden die Zettel gemischt und der Älteste in der Runde zieht einen Fall, liest ihn vor und beantwortet spontan, wie er wohl in der Situation reagieren würde. Und dann sollen seine Nachbarn nacheinander sagen, wie man noch reagieren könnte (zumindest theoretisch). Dann wird der nächste Zettel vom nächsten Spieler in der Runde aufgenommen.

Als Trainingsprogramm am Arbeitsplatz, in der Schule oder in Ausbildungssituationen angewendet, könnten vom Lehrer/Trainer fachspezifische Situationen vorgegeben werden.

VARIANTE:
Spiel „Schnelle Fälle"
(Spiel zum Sofortspielen,
gruppe & spiel 2/2000)

◆ AUSBILDUNG

◆ BERUFSVORBEREITUNG

◆ FANTASIEFÖRDERUNG

◆ IDEENFINDUNG

◆ TRAINING

FANTASIEGEBILDE

Mit Zahnstochern etwas bauen – daran Kreativität
und Kooperation auswerten

Eine faszinierende Idee: Fantasie-
gebilde oder herrlich filigrane
Gebäude aus Kuben miteinander
verbundener Zahnstocher zu
bauen. Jeweils an den Knoten-
punkten werden die Zahnstocher
in Erbsen gepiekt.

Das ist eine neue Variante der
alten gruppendynamischen Kreativübung nur mit Papier und Klebstoff
einen möglichst hohen und stabi-
len Turm zu bauen.

Die Gruppenleitung lässt sich dabei
beobachten und nach verschiedenen Kriterien bewerten und reflektieren: Wie gut wurde kooperiert?
Wer hat seine Ideen durchgesetzt?
Wie sind die materialtypischen
Schwachpunkte überwunden
worden?

◆ AUSWERTUNG

◆ GESTALTUNGSAUFGABE

◆ GRUPPENTRAINING

◆ KREATIVITÄTSÜBUNG

◆ TEAMENTWICKLUNG

FARBEN – FORMEN – MUSTER

Jeder klebt von sich ein kleines Bild aus Formen, Farben und Mustern – ähnlich einem Kandinsky-Bild

veranstalten wir eine Galerie-Eröffnung, bei der die anwesenden Künstler kurz ihre Werke dem staunenden Publikum erklären. Die selbsthaftende Fensterfolie (erhältlich im Kindergartenbedarf oder Künstlerbedarf) hat den Vorteil, dass sie auf allen glatten Flächen (weiße Tafeln!) haftet und immer wieder ablösbar ist.

Siehe auch: „Gebäude stempeln", S. 49

MATERIAL:
selbsthaftende Fensterbildfolie oder Tapetenreste oder Tageszeitung

Unterschiedlichste Tapetenreste eignen sich besonders gut für diese Methode, ansonsten kann man auch einfach Papier, Farbstifte, Scheren und Klebstoff bereithalten. Jeder soll ein abstraktes Bild von sich oder von einem bestimmten Zeitabschnitt gestalten: Geometrische Formen ausschneiden, anmalen und aufkleben. Dabei sollte sehr genau darüber nachgedacht werden, welche Farben, Formen und Muster gewählt werden. Anschließend

VARIANTE:
Tangram-Spiel mit Holzplättchen oder als Computerspiel.
Es kann aber auch ein großer Bogen einer aktuellen Tageszeitung durch Bemalen, Ausschneiden und Zusammenkleben zu einer kreativen Collage über sich selbst gestaltet werden.

◆ AUSWERTUNG

◆ GESTALTUNGSAUFGABE

◆ KENNENLERNEN

FESTE FESTE FEIERN

Festgestaltung als Chance zum kreativen Handeln

Einladung
Freitag, 22. Juni 2001
5000 Tage
Jugendzentrum
Mühlendorf
15 Uhr
Tag der Offenen Tür
19 Uhr
Jugenddisco!

Jedes Fest markiert einen Höhepunkt im Arbeitsalltag und bietet bei der Planung und Vorbereitung vielfältige Möglichkeiten für kreatives Handeln. Darum: Öfter mal ein Fest feiern, nicht nur an den üblichen Fest- und Feiertagen im Jahreskreislauf!

Lassen Sie sich originelle Festanlässe einfallen, z. B. feiern Sie den 4444. Tag des Bestehens Ihrer Einrichtung. Oder organisieren Sie ein Fest für alle Mitarbeiterinnen, die in diesem Jahr einen runden Geburtstag haben. Nehmen Sie jede Präsentation einer Projektarbeit zum Anlass für ein kleines Fest!

Wie wäre es mit einem Regen-Fest im November? Oder eine thematische Disko? Ein Tag der offenen Tür? Ein Nachbarschaftsfest? Die Eröffnung der Inline-Scater-Ausleih-station …

Mit mehreren Brainstormings können die weiteren Planungsschritte absolviert werden:
• Welche Aktivitäten sollen stattfinden?
• Wie könnte eine originelle Einladung aussehen?
• Wie soll der Raum dekoriert werden?
• Was könnten die Besucher mitbringen/beitragen?
• Was soll es zum Essen und Trinken geben? (Themenbuffet!)
• Was passiert als Höhepunkt und Schluss?
• Wie organisieren wir die Erinnerung an das tolle Fest?

Und erst wenn man mit den Antworten auf diese Fragen seine Kreativität richtig ausgetobt hat, geht man an die langweiligen technischen Fragen: Wie finanzieren wir das Fest? Wie gelangen die Besucher von einem Angebot zum anderen? Welche Sicherheits-/Serviceprobleme müssen wir lösen?

◆ TAG DER OFFENEN TÜR

◆ VERANSTALTUNGSPLANUNG

◆ ÖFFENTLICHKEITSARBEIT

FEUER – ERDE – WASSER- LUFT

Symbolische Auswertung mit den vier Elementen

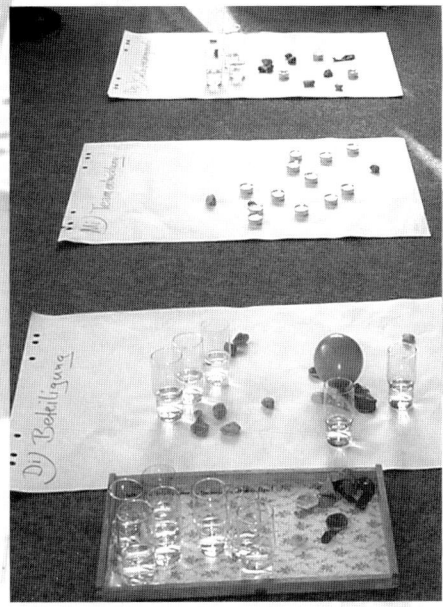

Für die vier Elemente Erde, Feuer, Wasser, Luft werden Symbole zur Verfügung gestellt:
Erde: Steinchen oder Sand
Feuer: Brennendes Teelicht
Wasser: Glas mit Wasser
Luft: Luftballon

Jeder soll zur Auswertung des vergangenen Arbeitsabschnitts (oder der beendeten Veranstaltung) ein Element auf den Zeitplan legen:
Erde: war bodenständig, praktisch, real

Feuer: war aufregend, anregend, lebendig
Wasser: plätscherte so dahin, langweilig
Luft: war heiter, angenehm, fantasieanregend oder aber flüchtig und zu leicht
Jeder kann dann sein verwendetes Element kurz begründen und erklären.

◆ ANALOGIE, SYMBOLIK

◆ AUSWERTUNG

FOTOGESCHICHTEN ERFINDEN

Mit selbst aufgenommenen Fotos eine Geschichte bebildern und erzählen

Um einen Fotoroman herzustellen, braucht man ein Grundgerüst für eine Geschichte (Personen, was erleben die, wie geht es aus?). Dann werden Szenen gestellt, fotografiert (am besten mit Digitalkameras), ausgedruckt und danach Sprechblasen dazu geschrieben, die aufgeklebt werden.
Statt die Bilder auf einem Plakat zusammenzustellen, kann man auch die Bilder auf Webseiten einfügen, Texte hinzuschreiben und mit Hyperlink-Buttons das Weiterschalten zum nächsten Bild organisieren. So lassen sich sogar verzweigende Geschichten ganz ein-

fach produzieren! Solche Geschichten kann man sich mit jedem der kostenlosen Browser (Microsoft Internet Explorer; Netscape Navigation) anschauen oder sogar auf die Homepage hochladen.

HINWEIS:
Auf der CD-ROM finden Sie eine exemplarische Fotogeschichte und eine ausführliche Textdatei dazu.

◆ DIGITALFOTOGRAFIE

◆ FOTOGESCHICHTEN

◆ GESCHICHTEN ERFINDEN

◆ HOMEPAGEGESTALTUNG

FOTO-RATEBUCH GESTALTEN

Von Foto-Ausschnitten auf die ganze Abbildung schließen

Von einem Foto werden fünf gute Fotokopien angefertigt. Ab der zweiten Kopie werden jedoch immer nur Ausschnitte kopiert. Ein Ausschnitt vom ersten Ausschnitt usw., d. h. die Bilder werden immer kleiner. Dann werden alle übereinander gelegt, das vollständige Bild als unterstes Blatt, den letzten Ausschnitt als oberstes Blatt. Ein kleines Rateteam soll nun raten, was da zu sehen ist. Errät man es nicht, wird umgeblättert und so weiter.
Wer es schon beim obersten Blatt (dem kleinsten Ausschnitt) errät, bekommt 5 Pluspunkte, jedes notwendige Umblättern kostet einen Punkt.

VARIANTE:
Das Rateteam soll den Ausschnitt durch Malen vervollständigen. Eine zwar falsche, aber mögliche und originelle Ergänzung wird auch als Treffer gewertet. Dieses Spiel war früher Bestandteil der Quizsendung „Dalli-Dalli" mit Hans Rosenthal. Schauen Sie sich Spielideen aus dem Fernsehen ab und wandeln Sie sie für die eigene Gruppenarbeit um!)

Siehe auch: „Foto-Klick" auf der CD-ROM.

◆ ASSOZIATION

◆ RATESPIEL

◆ ZEICHNEN

FOTOS FÜR SCHATTENSPIEL-HINTERGRUND

Örtlichkeiten fotografieren, um sie für ein
Menschschattentheater oder als Bühnenbild zu verwenden

Um beim Figuren- oder Menschenschattenspiel den Ort der Handlung sehr einfach darstellen zu können, empfehlen wir den Handlungsort zu fotografieren und den Ausdruck dann auf Folie für den Tageslichtprojektor zu kopieren. Es geht zwar auch mit Dias, die lassen sich aber nicht mehr verändern. Digitalfotos kann man natürlich gleich auf Folie ganzseitig ausdrucken und sie haben einen weiteren Vorteil: Die für die Szene störenden Bildteile können leicht wegretuschiert werden. Oder zwei Bilder (wie in unserer Abbildung eines Vorortbahnhofs) können zu einem Panoramabild zusammengesetzt werden.

Eine Gruppenreise/Klassenfahrt könnte z. B. mit solchen Schattenspielszenen einfallsreich dokumentiert werden.

VARIANTE:
Mit Rückprojektion lässt sich so auch ein tolles Bühnenbild für Theaterszenen erzeugen.
Erfordert aber einen sehr tiefen Bühnenraum.

◆ DOKUMENTATION

◆ FOTOGRAFIE

◆ GESTALTUNG

◆ GRUPPENREISE

◆ SCHATTENTHEATER

◆ THEATERSPIEL

FOTOS UND AUSSAGEN ZUR LEBENSKUNST

Kreativprojekt mit Jugendlichen:
Fotos und Aussagen der Porträtierten zusammenstellen

Ryszard Majewski hat dieses Foto-
projekt mehrfach mit einer Jugend-
fotogruppe durchgeführt – früher
mit großen Lochkameras, heutzutage nutzt er die Digitalfotografie. Er
porträtiert Jugendliche in Jugend-
zentren oder kommerziellen Disko-
theken, bittet sie zu sagen, was sie
für sich persönlich unter Lebenskunst verstehen und gestaltet dann
mit den vor Ort entwickelten Bildern und den Aussagen eine Ausstellung am Ort des Fotografierens.
Ein Beispiel für kreative Arbeit, die
eine sofortige Rückkopplung zu
den „Fotoobjekten" erlaubt. Diese
„Instant"-Methode macht aus den
Objekten des Künstlers zugleich
die Adressaten, mit denen die
kreativen Produkte diskutiert werden. Die Beziehungen zwischen
Porträt und Aussagen bilden Refle-
xionsanlässe. Dadurch verbleibt der
kreative Prozess nicht im wertfreien
Raum.

Siehe auch: „Sprüche über Lebenskunst" im Materialteil, S. 212

LITERATURHINWEISE:
* Der Projektkatalog ist für 15 DM
  erhältlich beim Robin-Hood-
  Versand, Küppelstein 36,
  42857 Remscheid.
* Dokumentationen vom Deutschen Jugendfotopreis. Erhältlich
  beim KJF, Küppelstein 34,
  42857 Remscheid

◆ FOTOGRAFIE

◆ REFLEXIONSANLASS

◆ SELBSTDARSTELLUNG

Jadranka, 19, Industriemechanikerin/Azubi
Michaela, 18, Kauffrau im KFZ Gewerbe/Azubi

FREMDWÖRTER ALS KREATIVKICK

Unbekannte Wörter als Anregung für kreative Problemlösung

MATERIAL:
Fremdwörterlexikon

Nutzen Sie ein Fremdwörterlexikon als Kreativkick, indem Sie sieben beliebige Wörter heraussuchen (wahllos auf die Seiten tippen) und versuchen, diese in Beziehung zu dem kreativ zu lösenden Problem oder zu der Aufgabe zu setzen. Glauben Sie nicht, dass das funktioniert? Probieren Sie es aus: Je entfernter Anregungsimpulse manchmal sind, umso stärker ist der Kreativschub.

VARIANTE:
Ein schönes Kreativspiel ist das Ausdenken von Bedeutungen eines unbekannten Fremdworts. Dann nachschlagen, was es wirklich bedeutet. Damit kann man auch ein Quizspiel mit Auswahlantworten entwickeln.

◆ ASSOZIATIONEN

◆ KREATIVIMPULS

◆ KREATIVSPIEL

◆ QUIZ

◆ SPIEL ERFINDEN

FÜR MICH IST DAS D I E MELDUNG!

Jeder wählt die ihm wichtigste Meldung aus

MATERIAL:

Alle erhalten dieselben vier Seiten einer Tageszeitung,

Alle haben vier Seiten einer aktuellen Tageszeitung und jeder sucht sich die für ihn interessanteste Meldung heraus, die wird vorgelesen (oder wenigstens der Anfang, falls es ein längerer Artikel ist) und kurz begründet, warum diese Nachricht ausgewählt wurde. Dadurch erfahren wir in der Gruppe nicht nur vieles über das aktuelle Tagesgeschehen, sondern indirekt auch einiges über alle Teilnehmer.

VARIANTEN:

- Jeder bekommt zwei Seiten der Zeitung, einer zwei Seiten Politik, einer zwei Seiten aus dem Wirtschaftsteil usw.
- Eine Kombination aus beiden Verfahren: Immer zwei Seiten werden dreimal verteilt.

◆ INDIVIDUALITÄT
◆ INTERESSENGEBIETE
◆ KENNENLERNEN
◆ POLITIK
◆ WERTE

FUNDUS ANLEGEN

Verschiedene Materialien als Anregung sammeln

In der Jugendarbeit kennt man den Begriff „Fundus" vor allem im Zusammenhang mit der Verkleidungsliste beim Theaterspielen. Beim Kleiderfundus kommt es übrigens viel mehr auf charakterisierendes Zubehör an als auf vollständige Kostüme. Masken, Brillen, Schals, Handtaschen, Bärte, Gürtel, Handschuhe, Schmuck, Kopfbedeckungen, berufstypisches Zubehör wie Stethoskop, Werkzeuggürtel, Stoppuhr, Pistole und Handschellen, Trillerpfeife …
Erweitern Sie die Materialsammlung um jegliches Gestaltungsmaterial (selbstverständlich Knete, Tapetenrollen usw.), aber auch um Urlaubsmitbringsel, Illustrierte, Kleinspielzeug, (Wunder-)Kerzen, Bausteine, Pfeifenputzer, Folien/Stoffe, Steine, Figuren, Industrieproduktionsabfälle, Plastikteilchen etc.
Für jegliche kreative Projekt- und Planungsarbeit ist ein riesiger Informationsfundus sehr nützlich: Bücher, Zeitschriften, Zeitungsartikel, Kataloge, Prospekte, Software, Internetrecherche-Ergebnisse, CDs, CD-ROMs, Videos, Dias, Postkarten, Plakate, etc.
Und wenn das Lager überzulaufen droht, empfehle ich eine Versteigerungsaktion.
Der Gang in einen solchen Fundus ist für eine Planungsgruppe jedes Mal ein überwältigender Kreativitätsschub. Aufzupassen ist jedoch auf die Versuchung, eine Materialschlacht zu inszenieren, wenn es an interessanten Ideen mangelt!

◆ KREATIVITÄTSBEDINGUNGEN

◆ MATERIALIEN

◆ PLANUNGSMETHODEN

◆ SAMMELN

GEBÄUDE STEMPELN

Mit Stempeln für Gebäudeteile Architektur-Bilder entwerfen

Vielleicht kennen Sie den Stempelsatz „Spaß mit Hieroglyphen"? Damit kann man Geheimbotschaften in der Schrift der alten Ägypter zusammenstempeln. Auf dieselbe Art lassen sich mit Architektur-Stempeln ganze Gebäude entwerfen. Eine schöne kreative Zeichen-Idee für den Kunstunterricht oder auch für ein Geschichtsunterrichtsprojekt, z. B. zu antikem Stadtleben. Verlag: Tessloff, Autor: David Eisen, Metropolitan Museum New York.

VARIANTE:
Das Architektur-Stempel-Set gibt es auch als Software: Gebäude-Teile stehen wie Mauersteine oder wie Buchstaben zur Verfügung, um einfach aneinander geklickt zu werden – die LEGO-Architektur auf dem Bildschirm. Nicht ganz originell, denn natürlich kann das mit jeder Zeichensoftware auch gemacht werden (sehr praktisch mit dem Programm „Studio" von Hörzu-Software oder Shareware-Programm „Smart Draw"). Aber als anregende Aktivität mit Computern gut für Kinder ab 7 Jahren geeignet. Siehe auch: „Farben-Formen-Muster", S. 39

◆ ARCHITEKTUR

◆ BILDER STEMPELN

◆ KREATIVE COMPUTERPROGRAMME

◆ PUZZLE

GEGEN DIE MUTLOSIGKEIT

Checkliste für Ideenumsetzung

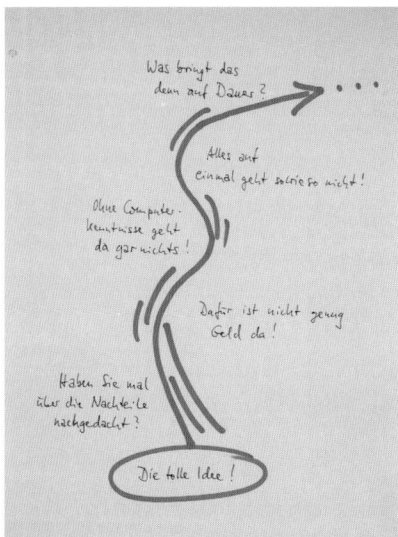

Kreativität hat zwei Phasen: Ideen entwickeln und sie dann verwirklichen. Bei der Umsetzung der Ideen gibt es einige Schwierigkeiten zu überwinden. Lehrer, Berater, Supervisoren oder Gruppenleiter können dabei helfen.

Mut zum Risiko, gute Vorbereitung, persönliches Engagement sind für eine erfolgreiche Umsetzung neuer Ideen ebenfalls notwendig. Der Mut zum Risiko, ein gutes Selbstwertgefühl und eine gewisse Furchtlosigkeit sind persönliche Eigenschaften, die sich am besten durch positive Erfahrungen aufbauen. Hinsichtlich der guten Vorbereitung kann man sich mit dieser Checkliste helfen:

1. Schätzen Sie die Nachteile der Idee für alle Beteiligten ein!
2. Kalkulieren Sie den Aufwand (nicht nur die finanziellen Kosten) realistisch ein!
3. Stehen alle Mittel, die für die Realisierung benötigt werden, zur Verfügung oder sind sie beschaffbar?
4. Ist die Realisierung der Idee auf Dauer abgesichert?
5. Lässt sich die Idee notfalls in abgespeckter Form oder stufenweise realisieren?

Fällt diese rationale Abschätzung von Schwierigkeiten bei der Realisation positiv aus, bleibt noch die Möglichkeit sich und der Gruppe Mut zu machen, Begeisterung auszustrahlen und sich zu überlegen, was bei unerwartet auftauchenden Schwierigkeiten der rettende Notanker sein könnte.

◆ BERATUNG

◆ GRUPPENARBEIT

◆ IDEEN REALISIEREN

◆ PLANUNGSTECHNIKEN

GESCHICHTEN UNGEWÖHNLICH ERZÄHLEN

Eine Geschichte mit Begriffen in unbekannter Sprache erzählen

MATERIAL:
Wörterbuch in nicht bekannter Sprache

Jeder bekommt den Text einer kleinen kurzen Geschichte (jeder eine andere). In der Geschichte sind mehrere Wörter unterstrichen. Diese Wörter sollen in einer Sprache gesprochen werden, die in der Gruppe unbekannt ist (vielleicht Portugiesisch?). Ein anderer soll die unterstrichenen Wörter seiner Geschichte rückwärts aussprechen oder dafür unbekannte Fremdwörter oder lateinische Pflanzennamen einsetzen, wieder ein anderer soll die Wörter pantomimisch darstellen oder indem er auf Dinge im Raum zeigt, oder ein passendes Lied summen oder eine kleine Skizze machen.
Ein wichtiger Kreativitätseffekt ist bei diesem Spiel die Umsetzung einer symbolischen Kommunikationsweise (Sprache) in eine andere (Musik, Bewegung, Bild usw.).

◆ GESCHICHTEN ERZÄHLEN

◆ KOMMUNIKATION

◆ SPRACHVERSTÄNDNIS

GLEICHE GERÄUSCHE FINDEN SICH

Kreative Methode zur Aufteilung in Kleingruppen

Paarweise werden in Filmdöschen immer dieselben Dinge eingefüllt: Reis, Geld, eine Murmel, Wasser, Salz, eine alte Mauskugel ... Die Dinge müssen sich im Geräusch gut voneinander unterscheiden. Dann bekommt jeder in der Gruppe eine Filmdose und muss den Partner mit dem gleichen Filmdoseninhalt finden (natürlich nur an den Geräuschen zu erkennen!).

Statt Paarbildung kann man sich so auch zu Dreier- oder Vierergruppen zusammenfinden.

◆ GERÄUSCHE RATEN

◆ GRUPPENBILDUNG

◆ RATESPIEL

◆ WAHRNEHMUNG, AUDITIV

GRUPPENBURGSPIEL

Intensives Kennenlernspiel, bei dem Fragen beantwortet und
Bausteine zu einer Burg zusammengebaut werden

Ein Sack mit Bausteinen geht
herum, jeder nimmt sich einen, bis
der Sack leer ist. Für einen runden
Baustein denkt man sich eine einfache, nette Frage aus, für einen
eckigen eine Frage „mit Ecken und
Kanten". Der Jüngste beginnt, stellt
seine Frage an eine Person der
eigenen Wahl und gibt ihr den
Baustein. Der Angesprochene antwortet und legt dann den Baustein
in die Mitte. Allmählich entsteht so
aus den „beantworteten" Bausteinen eine Gruppenburg.

VARIANTE:
Statt Fragen können auch positive
oder kritische Statements (in einer

Feed-back- oder Auswertungs-
oder Selbsterfahrungsrunde)
geäußert werden.

VARIANTE:
Mit Klebeetiketten können auch
vorbereitete Fragen auf die Bausteine geklebt werden. Bei nicht
beklebten Bausteinen muss man
sich dann selbst eine Frage ausdenken.

◆ AUSWERTUNG

◆ FEED-BACK

◆ KENNENLERNEN

◆ SELBSTERFAHRUNG

HISTORISCHE RÄTSELBILDER

Bei Bildern herausfinden, was in ihnen versteckt ist

Frankreich, frühes 19. Jahrhundert, Les fleurs réalisent nos espérances

In zahlreichen historischen Postkarten oder auch anderen Bildern verstecken sich manchmal weitere zu entdeckende Bilder, oft Zeichnungen von Gesichtern, Profile von Personen und Ähnliches. (Finden Sie in unserem Beispielbild fünf Profile!)
Diese Rätselbilder sollen entschlüsselt werden. Besonders Geschickte können auch versuchen, selbst solche Rätselbilder zu malen, die alle nach einem ähnlichen Prinzip gestaltet werden.

Siehe auch: Materialteil, S. 198

MATERIAL:
historische Rätselbilder, z. T. im Geschenkebedarf, in Museums-shops oder Kunstbuchhandlungen erhältlich

◆ BILDER

◆ RATESPIEL

◆ SELBERMACHEN

◆ WAHRNEHMUNGSTRAINING

HITPARADE DER LEBENSWEISHEITEN

Zitate und Mottos zum Nachdenken über das Leben

Im Materialteil finden Sie 25 Sprüche, Zitate und Slogans über die Kunst des Lebens. Um über so etwas Umfassendes wie das Leben kreativ nachdenken zu können, ist eine Reduzierung auf das Wesentliche nötig. Was ist für Sie das Wichtigste im Leben? Welchem Spruch stimmen Sie am meisten zu?

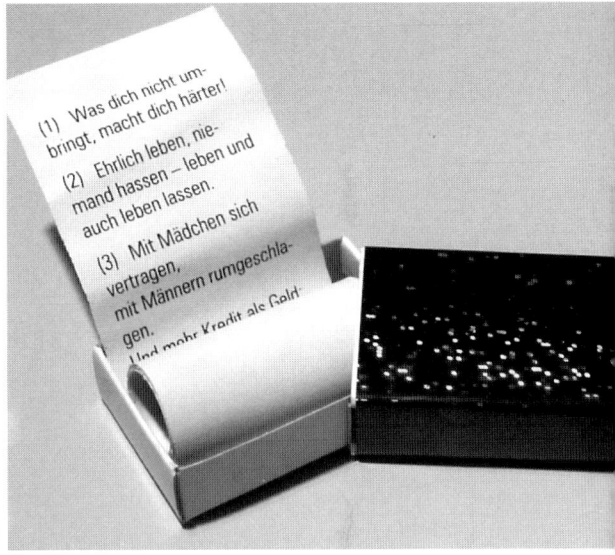

Man kann die Sprüche auch auf eine Papierrolle schreiben oder kopieren und die Rolle in eine schön gestaltete Schachtel hineinstecken, damit die werte-bezogenen Aussagen eine attraktive Verpackung bekommen.

Machen Sie eine Umfrage in der Gruppe oder unter Freunden: Welcher Spruch findet am meisten Zustimmung? Streiten Sie über die Meinungen, diskutieren Sie die Bewertungen.

Hängen Sie alle Sprüche einzeln auf und machen Sie dann in einer großen Gruppe eine Klebepunkte-Bewertung. Jeder hat drei Klebepunkte zur Verfügung:

Alle drei Punkte zu einem Zitat heißt: Dieser oder keiner! Zwei Punkte zum besten und einen Punkt zum zweitbesten Spruch.

Oder man verteilt seine drei Punkte gleichmäßig auf die drei besten Slogans.

HINWEIS:
Zitate zur Kreativität finden Sie im Materialteil, S. 214

◆ DENKANSTÖSSE

◆ KREATIVITÄT

◆ LEBENSGESTALTUNG

◆ ZITATE

ICH FÜHL MICH WIE EIN OLDTIMER

Stimmungen, Erwartungen oder ganze Personen in Metaphern ausdrücken

Der Gruppenleiter schlägt einen Oberbegriff vor: Fahrzeuge, Tiere, Möbel, Haushaltsgeräte etc. und jeder soll der Reihe nach sagen, was seine heutige Stimmung am besten ausdrückt: Sportwagen auf der Pole-Position; ein Autobus nachdem er acht Stunden seine Runde gefahren ist; ein chices Kreuzfahrtschiff auf hoher See … Diese Methode kann auch als Kennenlernspiel genutzt werden, um sich vorzustellen: „Ich heiße Susanne und wenn ich ein Möbel wäre, dann eine helle, praktische Küchenschrankzeile mit allen technischen Einbaugeräten."
Als Variante kann der Gegenstand auch aufgemalt werden, wobei den Teilnehmern meistens etwas mehr Details einfallen. Nachfragen sind natürlich erlaubt und erwünscht.

VARIANTE:
Einschätzungsspiel. „Wenn Melanie ein Getränk wäre, dann wär sie für mich …".
Im Herbst 2000 ist dieses Gruppenspiel auch als Brettspiel vom Piatnik-Verlag herausgebracht worden.

◆ EINSCHÄTZUNGSSPIEL

◆ KENNENLERNEN

◆ METAPHERN

◆ SYMBOLE, ANALOGIEN

◆ WAHRNEHMUNG

ICH SPIELE – DU TANZT

Musik in eine improvisierte Bewegungsgestaltung umsetzen

Jemand spielt auf einem Musik-instrument und eine oder mehrere Personen realisieren spontan dazu eine Bewegungsimprovisation: Statt über den Kopf zu choreografieren soll dabei spontan das Gefühl, das die Musik hervorruft, in eine analoge Bewegungsgestaltung umgesetzt werden. Als Kontrast-erfahrung dazu kann die Aufgabe lauten, dass der musikalische Impuls immer gegensätzlich in eine Bewegung umgesetzt werden soll, also z. B. bei lauter Musik ganz kleine Bewegungen oder bei einem schnellen Rhythmus ein Zeitlupentanz.

Dies kann auch als kreative Choreografieübung eingesetzt werden. Hierbei ist Musik von einer CD günstiger, damit sie zum Üben und Ausdenken von mehreren Klein-gruppen angehört werden kann.

◆ GESTALTUNGSAUFGABE

◆ MUSIK

◆ TANZ

IDEEN UND VARIANTEN

Das etwas andere Brainstorming

Zu einer Frage oder zu einem Problem schreibt jeder in der Gruppe eine Antwort oben auf ein DIN-A4- oder DIN-A3-Blatt. Diese Blätter werden angeheftet und alle lesen sich die Vorschläge durch und können Varianten auf den Blättern hinzuschreiben. Nach ca. zehn Minuten werden alle Blätter untereinander angeheftet und alle Ideen mit Punkten und/oder Diskussion bewertet und schließlich aussortiert und entschieden.

Auf diese Weise können sehr schnell gefunden werden:
• Namen für Institutionen, Produkte, Gruppen, Veranstaltungen
• Problemlösungen, Verhalten in schwierigen Situationen
• Veranstaltungsthemen, Projektideen

◆ BRAINSTORMING

◆ IDEENFINDUNG

◆ PLANUNGSTECHNIKEN

IMMER DENKANLÄSSE PARAT HABEN

Denksportaufgaben beim geselligen Beisammensein eingeben

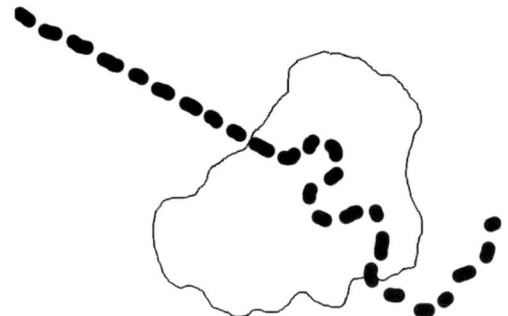

Sie sollten sich eine Reihe kleiner Kreativaufgaben zurechtlegen, die Sie in der Gruppe eingeben können, in einer Pause, an der Theke, beim geselligen Abend, in einer Vertretungsstunde. So etwas bringt der Gruppe mehr als einen Witz auswendig herzusagen.
- Knobelspiele
- kleine Zaubertricks (Wobei die Gruppe nicht bloß staunen soll, sondern herausfinden soll, wie es gemacht wird!)
- Drudel (Siehe unsere Abbildung oben. Wissen Sie, was das bedeutet? Die Antwort finden Sie hier am Ende des Textes.)
- Streichholzlegeaufgaben
- Denksportaufgaben, Schätzfragen
- so genannte Systemspiele (Bei denen man hinter das „System"

kommen muss: „Der Mond ist rund" ist ein klassisches Beispiel, siehe Baer, 666 Spiele, S. 100)
- Krimigeschichte raten (ähnlich wie Systemspiele)

Denken, raten, erforschen, alternative Antworten erfinden – das alles spielt sich bei solchen spontan eingegebenen Spielchen ab – und genau das sind die wichtigsten Aktivitäten, mit denen kreatives Handeln gefördert wird.
(Der abgebildete Drudel zeigt Ameisen auf ihrem Weg durch eine Bierpfütze. Oder zeigt er etwas ganz anderes?)

◆ DENKSPORT

◆ GRUPPENPÄDAGOGIK

◆ RATESPIEL

INDIANISCHE ZEICHNUNGEN

Mit Symbolen der Indianer oder von Felsmalereien Geschichten erfinden

Geschichten lassen sich in einer Gruppe sehr schön erfinden, wenn z. B. indianische Zeichnungen oder Höhlenmalereien auf Kärtchen kopiert werden und gemischt auf einen Stapel in die Mitte gelegt werden. Wenn man dran ist, muss man ein Kärtchen ziehen und die Abbildung in die Fortführung der Geschichte einbauen.
Hierfür können auch Hieroglyphen verwendet werden.
Auf ähnliche Weise lassen sich (z. B. im Unterricht) schriftliche Geschichten erfinden und an der passenden Stelle wird dann das Bildkärtchen eingeklebt.

VARIANTE:
Comics unter Verwendung dieser Zeichnungen entwickeln und zeichnen

HINWEIS:
Weitere Zeichnungen finden Sie im Abschnitt „Rätselbilder", S. 188–197 sowie auf der CD-ROM.
Eine weitere Möglichkeit: Selbst Filzstift-Zeichnungen auf Steine malen

◆ COMICS ZEICHNEN

◆ GESCHICHTEN ERFINDEN

◆ INDIANER

◆ MALSPIEL

JUGENDKULTURMARKETING

Originelle Ideen für die Ermittlung von Interessen von Kindern und Jugendlichen an Jugend(-kultur)angeboten im Stadtteil

- Kinder befragen andere Kinder im Stadtteil, was sie gerne machen und wie sie gerne sind (oder fotografieren „tolle Orte – blöde Orte" und kommentieren die Bilder).
- Kinder/Jugendliche kennzeichnen mit Klebepunkten auf einem vergrößerten Stadtplan, wo sie (a) sich oft aufhalten und (b) am liebsten sind.
- Im Internet-Chat nach Interessen fragen.
- Fragekarten in Schulbussen auslegen/verteilen (Preis beim Einschicken aussetzen).
- Großveranstaltungen durchführen und auf der Veranstaltung Meinungsumfragen machen.

- Fragebogen mit preisgünstigem Konzertkartenverkauf kombinieren. Eintrittskarten zur Befragung nutzen (Interessenliste auf Rückseite, kennzeichnen durch Einreißen, am Ausgang abgeben oder Eintrittskarten am Ausgang in gekennzeichnete Boxen werfen).

Siehe auch: „Kreative Kulturvermittlung", S. 157

- ◆ AUSWERTUNG
- ◆ BÜRGERBETEILIGUNG
- ◆ FORSCHERAUFGABEN
- ◆ JUGENDKULTUR
- ◆ MARKETING
- ◆ PARTIZIPATION

KLEINE GESCHENKE ALS FEED-BACK

Basteln und Überreichen von kleinen symbolischen Geschenken als Rückmeldung für Gruppenmitglieder

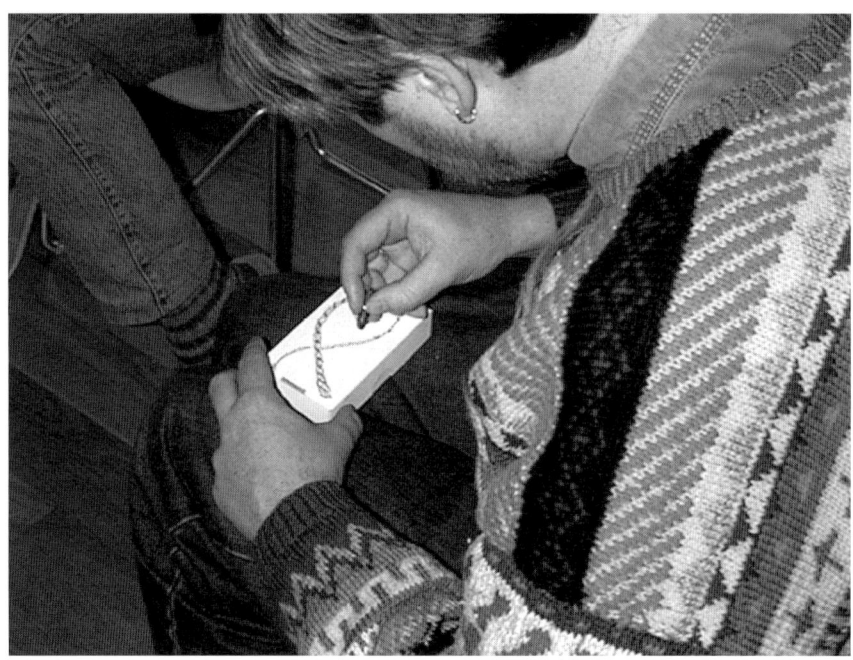

MATERIAL:
kleine Schachteln oder Behälter (z. B. Filmdosen, Cremedosen, Gewürzgläser), Spielfiguren, Sternchen, Pfennige, kleine Pflanzenteile usw.

In einfache Pappschachteln steckt jeder für ein frei gewähltes Gruppenmitglied und für den linken Nachbarn einen kleinen Gegenstand oder malt etwas auf einen Zettel, das eine Rückmeldung oder einen Wunsch für die weitere Zukunft symbolisiert. Dann wird die Schachtel noch bemalt oder beklebt und schließlich überreicht. Über die Bedeutung des Geschenks wird dann zu zweit oder im Plenum gesprochen.

◆ FEED-BACK

◆ PERSONALENTWICKLUNG

◆ SELBSTERFAHRUNG

◆ ZUKUNFT

KLEINES GROSS UND GROSSES KLEIN MACHEN

Auf neue Ideen kommen, indem ein Merkmal einer Sache verändert wird

Unter dem Motto „Kleines groß und Großes klein machen" entsteht beispielsweise eine neue Spielidee: Das kleine, traditionelle Fadenspiel wird ganz groß gestaltet mit Menschen statt Fingern und Seilen statt Wollfäden.
Wenn man ein Merkmal einer Sache, einer Veranstaltung, einer Methode oder eines Projekts bedeutsam verändert, entsteht daraus vielleicht eine völlig neue Idee. Möglicherweise ist sie völlig verrückt und nicht zu verwirklichen, aber dann probiert man eben die Veränderung eines anderen Merkmals!

♦ KREATIVITÄTSTECHNIK

♦ METHODEN ERFINDEN

♦ NEUES ENTWICKELN

KNETSKULPTUREN

Aus Knete seine momentanen Gefühle gestalten

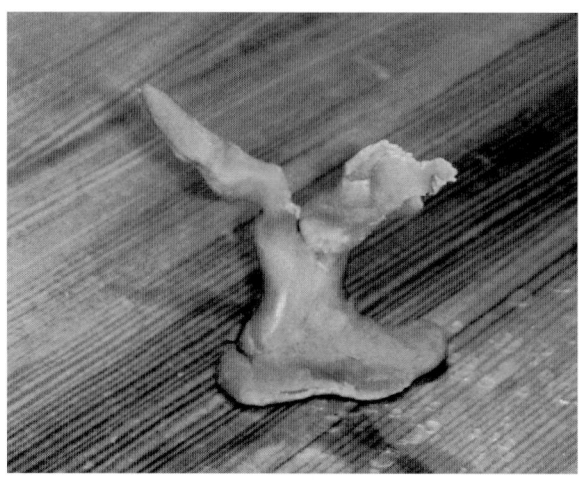

Jeder bekommt ein Grundsortiment farbiger Knete und formt daraus seine aktuelle Gefühlslage. Anschließend kann jeder seine Knetskulptur vorstellen oder einfach nur vorzeigen und die Gruppe kann Rückfragen (z. B. über die Ursachen der Stimmung) stellen. Die geformten Skulpturen können abstrakte Formen oder kleine Figuren sein. Denkbar ist auch bei einer mehrtägigen Veranstaltung, dass am Ende des Tages jeder seine Figur so zurechtknetet, wie es ihm im Laufe des Tages ergangen ist – sozusagen als Tagesabschluss-Blitzlicht.

VARIANTE:
Statt Knete kann auch ein Blatt Papier benutzt werden, um es durch Knautschen, Reißen, Kleben usw. zu einer Stimmungsskulptur zu formen. Knete ist aber schöner!

Weitere geeignete Materialien: Pfeifenputzer, Zweige und Pflanzenteile, Filzstift-Zeichnungen auf Steinen …

◆ AUSWERTUNG

◆ GEFÜHLE AUSDRÜCKEN

◆ GESTALTARBEIT

◆ GESTALTUNGSAUFGABE

◆ SYMBOLIK, ANALOGIEN

„KOCHDUELL" UND „WER WIRD MILLIONÄR?"

Fernsehsendungen mit Lerninhalten variiert nachspielen

Die Muster und Regeln mancher erfolgreicher Fernsehsendungen, bei denen nebenbei etwas gelernt wird, können interessante Modelle für kreative Pädagogen darstellen. Zwar steht bei den Sendungen entweder der Wettkampf oder ein hoher Gewinn im Mittelpunkt des Zuschauerinteresses, aber als Nebeneffekt wirken diese Sendungen durchaus als kleine Volkshochschule in Sachen Allgemeinwissen. Spielen Sie doch einmal aktuelle Quiz-, Rate- und Wettspiele in der Gruppe nach. Natürlich mit Variationen – wird man doch bei Ihnen kaum eine Million gewinnen kön-

nen! Vorher sollten Sie ein Brainstorming über Preise und Gewinne organisieren. Vielleicht entstehen dabei auch originelle (und pädagogisch gut zu akzeptierende) Vorschläge. Zum Beispiel muss der Verlierer dem Gewinner eine angenehme 5-Minuten-Massage geben. Oder die ganze Gruppe lädt ihn zu einem Festessen ein, wo sie ihm sein Lieblingsgericht kochen.

◆ ALLGEMEINWISSEN

◆ FERNSEHSENDUNGEN

◆ LERNSPIELE

◆ RATESPIEL

KREATIVE AUSSTELLUNG

Informationen über eine Gruppe, ein Thema oder
eine Einrichtung einfallsreich und interaktiv präsentieren

Besonders motivierend für Betrachter/Besucher ist die Präsentation einer Gruppe, eines Projekts oder einer Einrichtung, wenn die Rezipienten sich die Information auswählen können und sich selbst aufbereiten müssen wie in dem abgebildeten Beispiel aus einer Architektur-Ausstellung.
Etablierte Kulturinstitutionen tun sich oft schwer mit einer kreativen, jugendgemäßen Präsentation ihrer Angebote und Objekte. Ohne eine Neukonzeption der gesamten Arbeit ist eine „kundenorientierte" Ausstellung oft nicht zu verwirklichen. Anregungen geben wir dazu in einem Beitrag im 2. Teil, S. 157. Siehe auch „Schlüsselloch-Effekt", S. 94

◆ AUSSTELLUNGSGESTALTUNG

◆ NEUGIER

◆ PRÄSENTATION

KREATIVE PROGRAMM-ENTWICKLUNG

Konkurrierend unter begrenzten Ressourcen ein Programm
für Gruppenstunde, Event oder Spielaktion entwickeln

5 Helfer und 200 EURO habt ihr!

Die TV-Show „Koch-Duell" abgewandelt auf die kreative Planung von Veranstaltungen könnte so aussehen: Zwei oder drei Planungsteams erhalten die Aufgabe, eine Veranstaltung mit einem festen Zeitrahmen und für einen vorgegebenen Zweck zu planen. Alle Planungsgruppen bekommen die gleichen Ressourcen, mit denen sie auskommen müssen:
Zum Beispiel ein bestimmter Raum, 5 Helfer, 300 DM, 2 große Schwungtücher, 1 CD-Spieler mit 4 bestimmten CDs, 1 Kasten Soft-Getränke, 1 Set mit üblichen Büromaterialien, 1 Fotokopierer. Planungszeit: 55 Minuten. Aus den entstandenen Ideen kann man dann sicherlich eine tolle Veranstaltung zusammenstellen – und das funktioniert für die Planung unterschiedlichster Vorhaben (Klassenfahrt, Tag der offenen Tür, Gruppenprojekt, Spielaktion …). Diese Methode beteiligt Kinder und Jugendliche sehr motivierend an Planungsprozessen und führt zu einer hohen Identifikation mit der Veranstaltung.

◆ IDEEN SAMMELN

◆ FESTGESTALTUNG

◆ PARTIZIPATION BEI PLANUNGS-
  PROZESSEN

◆ PLANUNG

◆ PROGRAMMPLANUNG

◆ SPIELPROGRAMM ENTWICKELN

◆ VERANSTALTUNGSPLANUNG

KREATIVE SELBSTDARSTELLUNG

Personen und Gruppen stellen sich und ihr Leben auf interessante Weise dar

Der sicherlich interessanteste und aufregendste Gegenstand kreativer Gestaltung ist für jeden Menschen er selbst, sein Leben, seine Meinungen und Vorlieben. Durch die Notwendigkeit, die Informationen auswählen zu müssen, die ich veröffentlichen will und kann, denkt man bei jeder Gestaltung über sich nach, bewertet Handeln und Ereignisse und die Beziehung zu den anderen. Für die Bildung der Persönlichkeit ist dieser Vorgang unverzichtbar und sollte oft stattfinden.

Einige Themen- und Gestaltungsideen:
- Wir und unsere Träume (Sehnsüchte, Wünsche, Hoffnungen, Lebensziele …)
- Wir und die anderen (z. B. Beziehungen, Arbeitsplatzsituation, Gruppensituation)
- Wir und die Bilder (unsere Kinderfotos, täglich umgebende Bilderwelt, Medien, Kind …)
- Wir und unsere Freuden (Lust, Spaß, gute Erlebnisse …)
- Wir und die Wörter (Bücher, Literatur, Sprüche, „Lebensweisheiten")

Vorschläge für Präsentationsformen: Plakatwand/(Bilder-)Ausstellung/Guckkästen/Kleinmuseum/Buchladen/Litfaßsäule/Internetseiten /Lebenspanorama-Relief/Szenen/Pantomime/Standbilder/Schattentheater/Computer-Bilderschau/Foto-Comic/(Aufstell-)Bilderbuch/Papiertheater/Spiel(Karten-, Brett-, Puzzlespiel).

Siehe auch: „Kreative Ausstellung", S. 66 und „Traumkarten", S. 108

LITERATURHINWEIS:
Herbert Gudjons u. a.: Auf meinen Spuren, Bergmann/Helbig, 1999

◆ BIOGRAFIEARBEIT

◆ IDENTITÄT

◆ LEBENSGESTALTUNG

◆ PRÄSENTATION

◆ PROJEKTIDEEN

◆ SELBSTDARSTELLUNG

KREATIVE THEMEN FÜR SPIELAKTIONEN

Überschriften geben kreativen Einfällen einen Rahmen und Aktionen einen „roten Faden"

Offene Überschriften und Mottos für Veranstaltungen, für das gemeinsame Erfinden von Geschichten und das Entwickeln von Spielketten:

• Im Paradies
• Unter Wasser
• Auf der Rückseite des Mondes
• Im U-Bahn-Tunnel
• Reise durch den Körper
• Labyrinth des Schreckens
• Reise in die Unendlichkeit
• Hinter den Bergen, bei den sieben Zwergen
• Alle Farben des Regenbogens
• Tief drinnen im Hamsterbau
• Verschollen auf einer einsamen Insel
• Zaubersprüche und Hexenküche
• Die Schlafwandler
• Die Kommode mit 100 Schubladen
• Leben unter der Stadt
• Am Ende des Regenbogens
• Erde – Feuer – Wasser – Luft
• Trödel- und Blödelmarkt
• Herz und Schmerz
• Ostwärts
• Kaffeesatz und Flaschengeist
• Der Raum mit den sieben Türen
• Versteigerung im Fundbüro
• Das Leben unterm Bett
• Entführt von Außerirdischen

• Aus der Vogelperspektive
• Mein Leben als Hund
• Kellerkids und Dachbodendivas
• In 80 Tagen um die Welt
• Heiß und kalt, süß und salzig
• Verkehrte Welt im Spiegel
• Das Geheimnis der … 7 Sümpfe, … blutigen Fußstapfen, … toten Briefkästen
• 100 Jahre eingefroren

Wichtig für einen Titel, der kreative Einfälle anregt, ist, dass er ein wenig surreal ist, sehr viel Verschiedenes ermöglicht und zugleich einen spannenden Rahmen bildet. In Kinder- und Jugendgruppen ist besonders darauf zu achten, dass eine solche Überschrift über das übliche Klischee der Märchen- und Detektivgeschichten hinausweist.

◆ GESCHICHTEN ERFINDEN

◆ KREATIVE THEMEN

◆ SPIELAKTION

◆ SPIELE ERFINDEN

◆ VERANSTALTUNGSPLANUNG

KREATIVER EINSTIEG

Mit einer Überraschung beginnen

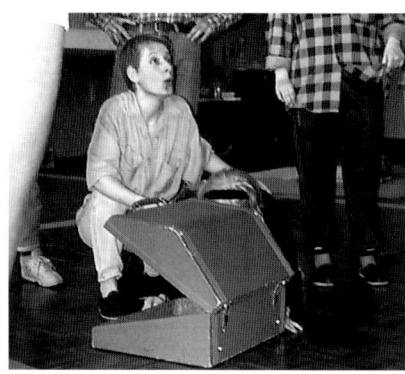

Eine Kollegin beginnt eine Spielgeschichte immer damit, dass sie einen Koffer mitbringt und mitten in den Kinderkreis stellt. Dann holt sie daraus mit ein bisschen „Brimborium" einen Gegenstand, der in der folgenden Spielgeschichte vorkommt. Das macht die Kinder neugierig, wissbegierig, steigert Spannung und Motivation und Erlebnisintensität. Neugier ist eine der wichtigsten Voraussetzungen zur Förderung von Kreativität.

Denken Sie sich einen kreativen, überraschenden Beginn für Ihr Referat, Ihre Präsentation oder Ihre Gruppenstunden aus:
- Verbergen Sie einen für Ihr Thema symbolischen Gegenstand unter einem Tuch – oder auch drei, für jeden Teil Ihres Vortrags einen. Machen Sie zum Thema ein kurzes, aber heftiges Brainstorming mit dem Publikum.
- Erzählen Sie eine kleine Parabel.
- Spielen Sie den Anfang eines zum Thema passenden Songs vor.
- Machen Sie anfangs eine kleine Umfrage im Publikum.
- Verlesen Sie einen (fiktiven) Brief …

Siehe auch: Bild von „Überraschungsdosen", S. 115 und „Das kreative Referat", S. 21

◆ EINSTIEG

◆ NEUGIER

◆ PRÄSENTATION

KREATIVES ESSEN

Mit überraschender Auswahl von Zutaten ein Essen zubereiten

Zwei unterschiedliche Spielregeln für das kreative Zubereiten von Essen (z. B. auf Gruppenreisen oder für eine Geburtstagsfeier):

1. Für zwei miteinander konkurrierende Zubereitungsgruppen steht eine bestimmte Auswahl an Zutaten zur Verfügung. Entweder müssen beide Gruppen aus denselben Zutaten jeweils eine Nachspeise bereiten oder die eine Gruppe soll eine Vorspeise und die andere eine Nachspeise herstellen (oder Suppe/Salat/Hauptgerichtbeilage).

2. Jeder Veranstaltungsteilnehmer bringt eine(!) Zutat mit. Unter Verwendung möglichst vieler mitgebrachter Sachen soll ein Essen von drei Teams (Vor-, Haupt- und Nachspeise) zubereitet werden.

VARIANTE:
Mit jungen Kindern kann auch eine nicht alkoholische Mixgetränke-Party gefeiert werden.

◆ FESTGESTALTUNG

◆ KREATIVES ESSEN

◆ VERANSTALTUNGSPLANUNG

KREATIVITÄT DOKUMENTIEREN

Kreativen Produkten immer auch eine Öffentlichkeit verschaffen

Kreative Produkte sollte man nicht in der Schublade lassen. Vor allem den kulturellen Produkten von Kindern und Jugendlichen sollte stets eine Öffentlichkeit verschafft werden. Hier wurde eine Metallplastik (Gruppenarbeit einer Remscheider Jugendkunstschule) in den Fluss gestellt, mit Genehmigung der Wasserbehörde.

Ein Schild am Ufer sollte noch auf die Künstlergruppe hinweisen.

Bei einem Kreativprojekt sollte also immer auch die anschließende öffentliche Präsentation mit eingeplant und vorbereitet werden –

dazu gehört auch die Einplanung einer (möglichst visuellen) Dokumentation. – schnell und einfach erstellt mit fotokopierten, ausgedruckten Digitalfotos.

◆ DOKUMENTATION

◆ KREATIVE PRODUKTE

◆ ÖFFENTLICHKEITSARBEIT

◆ PRÄSENTATION

◆ PROJEKTPLANUNG

KRITIK – FANTASIE – REALITÄT

Zukunftswerkstatt – die kreative Planungsmethode
für Partizipation und Qualitätsentwicklung

Zu einer Zukunftswerkstatt kann
man für zwei Stunden, zwei Tage
oder zwei Wochen zusammen-
kommen – je nach Thema und
Engagement.
Veränderung der Situation im
Stadtteil, die Zukunft einer Einrichtung oder eines bestimmten Projekts – alle Qualitätsentwicklungs-
themen sind denkbar. Diese Kreati-
vitätsmethode eignet sich vor
allem für Gruppen, für Bürgerbeteiligung und Kreativteams.
Die Durchführung besteht aus drei
Phasen:

- KRITIKPHASE:
  Es wird alles gesammelt, was an
  Kritik zum Thema geäußert wer-
  den kann (Brainstorming, Fotos,
  Leserbriefe, Umfrage machen,
  Interviews usw.).

- FANTASIEPHASE:
  Ohne jede Einschränkung wird
  hier aufgemalt, collagiert und
  gesammelt, wie man sich die
  Dinge für die Zukunft wünscht.
  Alle kreativen Gestaltungsformen
  können hier genutzt werden. Die
  Einfälle werden dann sortiert,
  Widersprüche zwischen ihnen
  gekennzeichnet und schließlich
  bewertet.

- REALISIERUNGSPHASE:
  Hier werden die Mittel, Methoden und Wege zum Verwirklichen ausgewählter Einfälle aus
  der Fantasiephase zusammengetragen.

◆ KREATIVITÄTSTECHNIK

◆ PARTIZIPATION

◆ PLANUNGSTECHNIK

◆ QUALITÄTSENTWICKLUNG

◆ SOZIALE KREATIVITÄT

KÜHLSCHRANK-POESIE

Botschaften und Gedichte mit Magnet-Wörtern verfassen

In Amerika kennt man abertausende verschiedene Magnetbilder, die auf den metallenen amerikanischen Kühlschranktüren haften. Seit einigen Jahren gibt es auch magnetische Wörter-Schildchen, die man zu Sätzen, Gedichten, Memos und Grüßen zusammenstellen kann. Notiztafeln aus Metall, an die man normalerweise Zettel mit Magnetknöpfen hängt, dienen uns in Deutschland als „Schreibtafel" für Eigenkompositionen mit Magnet-Wörtern.

Magnetische Wörter-Sets gibt es – zusammengestellt von Elke Heidenreich – beim Sanssouci-Verlag, Zürich.

VARIANTEN:
- Wörterpuzzle selbst gemacht! Beschriften Sie flache, rechteckige Holzbausteine oder bekleben Sie LEGO-Steine mit beschreibbaren Etiketten.
- Kleben Sie auf selten oder nie gebrauchte Wortplättchen doch einige Bilder, dann können Sie Wörter mit Bildern in den Gedichten kombinieren – macht Kindern besonders viel Spaß.
- Als Computerspiel heißt es „Magnetic Poetry"
- Würfel mit Buchstaben können auch zu Sätzen „zusammen gewürfelt" werden.

HINWEIS:
Eine Grundform des „Magic Poetry" für Computer finden Sie auf der CD-ROM im Buch.

◆ GEDICHTE SCHREIBEN

◆ GESCHICHTEN ERFINDEN

◆ KREATIVES SCHREIBEN

LUFTBALLON-MÄNNCHEN BAUEN

**Aufmerksamkeit erregende Figuren
aus billigen runden Materialien basteln**

dass es sich dabei um „Männchen"
handelt – wo sind die Luftballon-
Frauchen ?

VARIANTE:
Verbinden Sie Styropor-Kugeln
oder aufblasbare Bälle, Pappkar-
tons oder zusammengeknülltes
und mit Stoffresten überzogenes
Zeitungspapier so miteinander,
dass dadurch große, vielleicht
sogar überlebensgroße Figuren
entstehen. Die können auch noch
angemalt, mit Lichterketten dekoriert oder von kleinen Elektromoto-
ren bewegt werden. Aufmerksamkeit erregen sie bestimmt.

Alleine schafft man das kaum, da
muss man schon ein Team sein:
Aus vielen Luftballons und Model-
lierballons menschengroße Figuren
zusammenbasteln. Diese Figuren
können dann bei einem „Puppen-
theater" auftreten, können dekora-
tiv an einem „Tag der Offenen Tür"
für die Jugend- oder Kultureinrichtung werben oder können bei
einem Stadtteilfest animiert werden bzw. lebendig gemacht werden, indem Kinder die Luftballon-
Figuren bewegen, sprechen und
zusammen etwas spielen lassen.
Anmerkung: Wer sagt eigentlich,

◆ BAUPROJEKT

◆ FIGURENBAU

◆ ÖFFENTLICHKEITSARBEIT

MEINE LIEBLINGS-CD

Jeder stellt seine Lieblingsmusik vor

Reihenfolge werden die ersten 10–15 Sekunden einer CD gespielt und es muss geraten werden, wer diese CD mitgebracht hatte.

VARIANTEN:
Hitparade der CDs zusammenstellen, indem jeder seine liebsten drei Titel wählen kann (nur seinen selbst mitgebrachten nicht): Bester Song bekommt 3 Punkte, zweitbester 2, drittbester 1 Punkt. Die Musik mit den meisten Stimmen ist der Gruppenhit Nummer 1.

Jeder bringt seine derzeitige Lieblings-CD mit. Es beginnt mit demjenigen, der in „Musik" in der Schule sehr gute Noten hat. Seine CD wird für genau 60 Sekunden angespielt. Danach werden diese ersten 60 Sekunden noch mal schön leise wiederholt und der Jugendliche kann 60 Sekunden lang etwas über sich erzählen. Dann ist die CD des Nächsten in der Gruppe dran.
Zum Schluss gibt es noch ein kleines Ratespiel, das die Infos über die Teilnehmer festigt: In zufälliger

- ◆ HITPARADE
- ◆ IDENTITÄT
- ◆ KENNENLERNEN
- ◆ MUSIK

MEIN SCHÖNSTER PLATZ ALS KIND

Seinen liebsten Platz als Kind aufmalen und sich dann über die Kindheit austauschen

Alle schließen die Augen und gehen im Kopf einige Jahre zurück. „Versucht euch mal daran zu erinnern, wo ihr gewohnt habt, als ihr ungefähr zehn Jahre alt wart! Wie sah da die Wohnung aus, habt ihr ein eigenes Zimmer gehabt, wo habt ihr viel gespielt und wo habt ihr gespielt, wenn es geregnet hat?" Für die einzelnen Erinnerungsschritte Zeit lassen! „Öffnet nun die Augen, holt euch ein Blatt und Wachsmalkreide. Malt jetzt mal – egal wie gut, darauf kommt es nicht an – euren Lieblingsplatz zu damaliger Zeit auf. Als Grundriss oder in etwa wie ein Foto oder was ihr von dem Platz aus gesehen habt. Eben den Platz, wo ihr euch wohlgefühlt habt."
Anschließend kann man über Biografisches reden, über die kindgemäße Gestaltung von Spielräumen, über Bedingungen des Aufwachsens, über Lebensqualität für Kinder, über Lebenserfahrungen in ihrer Abhängigkeit von Räumen und Ressourcen.

Siehe auch: Lebenskunst-Sprüche im 4. Teil, S. 212

◆ BIOGRAFIEARBEIT

◆ LEBENSRÄUME

◆ SPIELRAUMGESTALTUNG

MERKWÜRDIGE BILDER ERKLÄREN

Surreale Bilder mit einer Geschichte „logisch" erklären

Quint Buchholz, Der Sammler der Augenblicke © 1997 Carl Hanser Verlag, München-Wien

MATERIAL:
Manchmal findet man auch auf Reklame-Postkarten verrückte Bild-montagen oder man fertigt sie mit Digitalfotos und Bildbearbeitungs-software selbst an.

Jeder bekommt die Fotokopie oder einen Farbdruck eines surrealen Bildes (Bilder von Salvador Dali, Henri Matisse oder Quint Buchholz „Der Sammler der Augenblicke" [siehe unser Beispiel-Bild] oder ähnliche Kinderbilderbücher). Zu den Bildern soll man sich eine Geschichte ausdenken, die die abgebildete Situation logisch her-leitet bzw. begründet. Haben alle ihre Story parat, werden reihum die Bilder gezeigt und die Geschichten erzählt.

Siehe auch: „Bildmontagen selber machen", S. 18 und weitere Rätsel-bilder im 4. Teil, S. 200–203

◆ BILDERSPIEL

◆ GESCHICHTEN ERFINDEN

◆ ERZÄHLEN

MIND-MAPPING

Gedanken auf leichte Weise grafisch strukturieren

Eine einfache Art und Weise seine Gedanken zu sortieren ist das Mind-Mapping. Ein Thema (Frage, Stichwort, Motto) wird in die Mitte geschrieben und alles, was einem als Unterpunkte einfällt, wird als kleiner Ast darum herum geschrieben. Und dann können je nach Denktiefe auch die Hauptäste noch mit Unterpunkten versehen werden. Sie können die einzelnen Aspekte mit Rangziffern (Prioritäten) versehen und damit eine zeitliche Reihenfolge oder Gewichtung hinzufügen. So erhält man sehr schnell eine leicht weiter zu ergänzende oder zu vertiefende Problemlandschaft. Das kann man in

Gruppen auch schön präsentieren (evtl. indem ein Ast nach dem anderen hinzugefügt wird). Weitere Mind-Maps zur Kreativität finden Sie ab S. 146

VARIANTE:
Es gibt Software, die einem das Zeichen und Umgruppieren erleichtert: „MindMan" (Testversion kostenlos runterladen bei ww.mindman.com).

◆ IDEEN SAMMELN

◆ IDEEN STRUKTURIEREN

◆ KREATIVE COMPUTERPROGRAMME

◆ PLANUNG

MOMENTE ERGREIFEN

Meditative Auswertungsmethoden mit kreativen Einfällen jedes Gruppenmitgliedes

Alle schließen die Augen, legen ihre Fäuste auf ihren linken und rechten Oberschenkel. Der Seminarleiter rekapituliert kurz, was alles im vergangenen Zeitabschnitt, auf den sich diese Auswertung bezieht, geschehen ist. Dann dreht jeder seine linke Hand nach oben, öffnet die Faust und ergreift einen Augenblick des Tages, der ihm nicht so gut gefallen hat. Nun die Faust schließen, drehen und aufs Bein zurücklegen. Dann die rechte Hand drehen, Faust öffnen und eine Sache vom Tag, die einem sehr gut gefallen hat, ergreifen. Auch hier dann die Hand schließen und auf dem Bein ablegen.

Dann öffnen alle die Augen und reihum öffnet jeder seine linke Hand und sagt, was er dort „festhält" und danach, was sich in seiner rechten Hand befindet.

◆ ABSCHLUSS

◆ AUSWERTUNG

◆ MEDITATION

MR. UNSICHTBAR AUF DEM LEEREN STUHL

Sich hinter seinen Stuhl stellen und sich vorstellen

stellt und dann zurück auf dem eigentlichen Stuhl antwortet. So wird dann immer hin- und hergewechselt.

Weitere kreative Formen für die Vorstellung der eigenen Person:

- Sich selbst betont trocken wie ein Nachrichtensprecher oder übertrieben wie in einer Werbesendung beschreiben.
- Einen Vierzeiler über sich dichten und vortragen.
- Eine Karikatur von sich malen und erläutern.
- Vier symbolische Gegenstände präsentieren und die Symbolik erläutern.
- Charakteristische Bilder und Überschriften aus Illustrierten ausschneiden und um den eigenen Namen herum als Collage zusammenstellen.

Eine Vorstellrunde für Gruppen bis zwölf Personen: Nacheinander stellt sich jeder hinter seinen Stuhl und stellt die Person vor, die jetzt unsichtbar dort sitzt. Man spricht also über sich in der „3. Person" wie ein Erzähler: „ Ich stelle euch jetzt den Stefan vor. Er macht gern Sport, ihr seht ja, er ist noch ganz aus der Puste". Auf diese Weise kann man gut indirekt über seine Gefühle oder Interessen sprechen.

VARIANTE:
Man kann auch auf diese Art und Weise eine Art kleine, kurze Talkshow inszenieren, indem man sich auf einen leeren Nachbarstuhl setzt, dort als Reporter seine Frage

Siehe auch: „ABC ausfüllen", S. 10 und „Adventskalender", S. 11

◆ KENNENLERNEN

◆ SELBSTDARSTELLUNG

◆ SYMBOLIK, ANALOGIEN

MUSCHELN LEGEN

Private oder berufliche Beziehungsstruktur symbolisch mit Muscheln darstellen

MATERIAL:
Bringen Sie von ihrem nächsten Urlaub am Meer einen Sack voll unterschiedlichster Muscheln mit.

Mit sehr verschiedenartigen Muscheln kann das Bild, das man sich von anderen Menschen in seinem privaten oder beruflichen Umfeld macht, gelegt werden. Große Muscheln stehen dann für bedeutende oder besonders mächtige Personen. Legt man die Muschel nach oben offen hin, so kann man damit eine offene Persönlichkeit oder Beziehung andeuten. Farbe, Oberflächenbeschaffenheit, Form usw. können sehr bewusst gewählt werden. Wichtig ist natürlich die Lage der Muscheln zueinander.

Es kann die derzeitige Sicht der Beziehungen gelegt werden oder ein Wunschbild – als Reflexionshilfe in Gruppen, in Arbeitsteams, in der Supervision oder auch in der Partnerschaftsberatung und Familientherapie und Gestaltarbeit.

Siehe auch: „Beziehungsnetzwerke", S. 16

◆ BERATUNG

◆ BEZIEHUNGEN

◆ SUPERVISION

◆ TEAMBERATUNG

◆ WAHRSAGEN

NACHDENK-BILDER

Bei Bildern fantasievoll ergänzen, was man nicht sieht

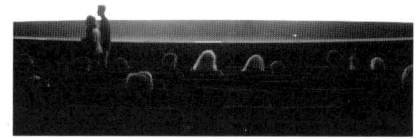

Immer zwei Gruppen bekommen dasselbe „Nachdenkbild" mit einer Frage und sollen möglichst viele originelle Einfälle dazu aufschreiben. Dann werden die Ergebnisse vorgestellt.

Siehe auch: Die Rätselbilder im 4. Teil, S. 188–197

BEISPIELE:
- Pflasterbild. Was spielt sich jetzt gerade unter diesem Stück Pflaster ab?
- Warum sitzt der junge Mann in einem leeren Zimmer?
- Was sehen die Leute gleich im Kino?

◆ DENKANSTÖSSE

◆ FOTOGRAFIE

◆ GESCHICHTEN ERFINDEN

Handwritten chart: "Namenssuche für eine Musikwerkstatt"

SCHLÜSSEL-WÖRTER	ÄHNLICHE PROJEKTE	EIGEN-SCHAFTEN	ASSOZIATIONEN	ABKÜRZUNGEN
Rockmusik	Band-Werkstatt	macht Krach	Chartbreaker	R.M.P. Remscheider Musik projekt
CD-Produktion	Musikkurs	bringt Spass	Eigene Schall-platte	B.P.M. Bandwerkstatt populäre Musik = Beat per Minute
Musikinstrumente	Jugend musiziert	schweißt Gruppe zusammen	Musikstudio	
Spielen üben	Jazz- und Rock kurs	übungsintensiv	Musik für VIVA	
Musikschule		nur wenig Vorkenntnisse		mujupo / JUMUPO = Musik . Jugend . Projekt
Remscheid		regelmäßige Treffen		
Beat per minute				
Noten				
Hitparade				
Charts				

Das ist es!

NAMENSGEBUNG

Einige Tipps, wie man gut auf einen Namen, einen Titel oder zu einem Motto kommt

Oft wird ein einprägsamer, attraktiver Titel für eine Veranstaltung, eine Publikation oder eine Gruppe gesucht. Überlassen Sie die Bandbreite der Einfälle nicht nur dem Zufall. Holen Sie sich Anregungen und schreiben Sie alles für alle gut sichtbar auf:

- Listen Sie alle Schlüsselworte auf, die ihr Objekt ausmacht bzw. die darin vorkommen oder damit zu tun haben.
- Machen Sie eine Liste von allen Titeln/Namen, die ähnliche Objekte besitzen.
- Schreiben Sie alle Eigenschaften Ihres Objekts untereinander auf.

Notieren Sie daneben typische Assoziationen und Metaphern: „Groß wie".

- Suchen Sie Zitate und Sprichwörter heraus, die die Schlüsselworte ihres Objekts enthalten.
- Welche Abkürzungen könnte man bilden?
- Spielen Sie mit den Schlüsselwörtern, bis ein eingängiges Wortspiel dabei herausgekommen ist.

Wenn bis jetzt noch kein Titel oder Name aufgetaucht ist, der alle überzeugt, dann lassen Sie die Liste eine Nacht lang ruhen und schauen Sie morgen wieder darauf. Oder hängen Sie die Liste irgendwo im Haus mit einem Filzstift daneben auf, mal sehen, was passiert.

Siehe auch: „ABC ausfüllen", S. 10

◆ IDEEN SAMMELN

◆ INSTITUTION

◆ NAMENSGEBUNG

◆ VERANSTALTUNGSPLANUNG

NEUEN NAMEN SUCHEN

Checkliste zur Bewertung der Ergebnisse eines Namen-Brainstormings

Wenn in einem Team ein Name für ein Produkt, eine Gruppe oder eine Institution gesucht wird, werden am besten alle Vorschläge aufgelistet, neue Einfälle ergänzt und erst dann, wenn das Blatt voll ist, die einzelnen Namen bewertet. Diese Kritikphase verläuft in einem kreativen Prozess entweder sehr chaotisch, zuweilen auch in aggressiver Stimmung und meistens nicht sehr befriedigend, weil sich entweder einer durchsetzt oder faule Kompromisse gemacht werden. Ich schlage dafür folgende Methode vor:

Zunächst werden alle doppelten Einfälle und die, die man (nach Rückfrage beim Ideengeber) guten Gewissens zusammenfassen kann, gestrichen. Dann werden außerdem alle gestrichen, die bestehenden anderen Objekten zu ähnlich sind und sich damit nicht genügend abheben. Danach werden die verbliebenen Vorschläge individuell in drei Durchgängen bewertet. In jedem Durchgang verteilt jedes Gruppenmitglied drei Punkte für den besten, zwei Punkte für den zweitbesten und einen Punkt für den seiner Meinung nach drittbesten Namensvorschlag.

- Im ersten Durchgang für die Frage: Welcher Name gefällt mir persönlich besonders gut?
- Die zweite Punkteverteilung für die Vorschläge, die vermutlich für die Zielgruppe besonders einprägsam sind.
- Und schließlich: Welche Vorschläge geben den Inhalt/die Ziele/das Selbstverständnis besonders gut wieder?

◆ AUSWAHLVERFAHREN

◆ BRAINSTORMING

◆ ENTSCHEIDUNGSVERFAHREN

◆ KRITIKPHASE

◆ NAMENSGEBUNG

ÖFTER MAL WAS NEUES

Routine und alltägliche Gewohnheiten zu durchbrechen ermöglicht einen Kreativ-Kick!

Brechen Sie mal systematisch aus Ihrer Routine aus – und zwar in Kleinigkeiten: Kaufen Sie sich eine neue Zahnpastasorte, brühen Sie einen interessanten Tee statt des üblichen Kaffees auf, lesen Sie mal eine Zeitschrift, die Sie normalerweise nie kaufen würden. Stehen Sie mal mitten in der Nacht auf und schauen Sie eine halbe Stunde das Nachtfernsehprogramm an (z. B. die gefilmten Bahnfahrten durch deutsche Landschaften). Mit Absicht und Aufmerksamkeit und einer gewissen Neugier wahrgenommen können diese kleinen Ausbrüche aus der alltäglichen Routine gut verkraftbare Veränderung eigener Einstellungen und eine Ausweitung der Allgemeinbildung bewirken. Man muss nicht gleich den Partner verlassen, um die eigenen – mit guten Grün-

den – festgefahrenen Grenzen auszuweiten. Je mehr ungewöhnliche, aber selbst initiierte und abgesicherte Erfahrungen man sich im privaten Alltag verschafft, umso offener und einfallsreicher wird man auch für die neue Ideen im Beruf.

Vereinbaren Sie mal mit Schülern oder Kindergruppen, dass sich jeder eine kleine alltägliche Veränderung vornehmen soll und besprechen Sie dann die Erlebnisse.

◆ ALLTAGSGEWOHNHEITEN

◆ GRENZÜBERSCHREITUNGEN

◆ ROUTINE

◆ KREATIVITÄTSTECHNIKEN

PERSONENRATEN: BIOGRAFIEN ERFINDEN

Sich von unbekannten Leuten Lebensläufe ausdenken

Eine Kreativitätsaufgabe, die jeder an allen Orten erfüllen kann, wo viele Leute sind: in öffentlichen Verkehrsmitteln, im Kaffeehaus, im Wartezimmer, auf Events.
Picken Sie sich eine Person heraus, die aus irgendeinem Grund aus der Menge heraussticht – weil sie eine besondere Kopfbedeckung trägt, weil sie Ihnen sympathisch ist, weil sie doppelt so alt wie die anderen ist oder, oder. Denken Sie sich einen kleinen Lebenslauf dieser Person aus: Alter, Beruf, vielleicht Name, Familienstand, hervorstechende Charaktereigenschaften. Was hat die Person schon Schlimmes und Schönes erlebt? Wenn Sie zu zweit dieses Spiel spielen, vergleichen Sie Ihre Einfälle!

VARIANTE:
Stellen Sie Bilder (Porträtfotos) von Leuten zusammen, von denen Sie die wahren Daten wissen oder ermitteln können (Verwandte, nicht ganz allgemein bekannte Prominente, CD-ROM „Bilder von Jugend" aus München). Einzelne Gruppen bekommen dann diese Bilder und sollen sich auf Biografien einigen. Zum Schluss werden die Tatsachen bekannt gegeben. Es soll unbedingt diskutiert werden, aufgrund welcher äußeren Merkmale man die Daten ausgedacht hat.

ANMERKUNG:
Dieses „Bildnis machen" führt durch die Varianten und den Vergleich mit der Wirklichkeit nicht zur Klischee- oder Vorurteilsbildung, sondern zu differenzierter Wahrnehmung und zur Förderung von Empathie (sich in andere hineinversetzen können).

◆ BIOGRAFIE

◆ EMPATHIE

◆ RATEN

PERSPEKTIVE WECHSELN

Durch einfachen Platzwechsel eine andere Sichtweise erlangen

Bei Konflikten und Interessen-gegensätzen ist es oft hilfreich, sich mal in den anderen hineinzuver-setzen – nicht um seine Meinung zu übernehmen, sondern um seine Sichtweise nachvollziehen zu können. Da hilft eine Veränderung der üblichen Position im Raum ganz erheblich. Sie könnten auch mal ihre Büromöbel umstellen! Probieren Sie die verschiedensten räumlichen Veränderungen aus – auch mit Gegenständen, Vorhän-gen, Blumen, Büchern.

Das Foto oben hat übrigens ein Kind zum Deutschen Jugendfotopreis eingereicht!

Setzen Sie sich doch mal auf einen anderen als ihren angestammten Platz bei der Teamsitzung, der Dienstbesprechung, der Lehrerkon-ferenz oder beim Schülerrattreffen. Sie haben andere Nachbarn, ein anderes Gegenüber, ein anderes Gefühl für den Raum. Die örtliche Veränderung kann erhebliche Änderungen in ihrem Kopf bewir-ken. Setzen Sie sich mal auf die andere Seite Ihres Schreibtisches (da, wo Besucher sitzen) oder ste-hen Sie auf und gehen in die ent-fernteste Ecke Ihres Zimmers oder stellen Sie sich mal auf einen Stuhl, schauen Sie unter die Stuhl-reihe …

◆ BERATUNG

◆ EMPATHIE

◆ KONFLIKTMANAGEMENT

◆ KREATIVIMPULS

◆ RAUMGESTALTUNG

◆ ROUTINE

PROBLEMLANDSCHAFTEN/SZENARIO

Eine Methode für die kreative Projektplanung und Partizipation

Im Wesentlichen besteht das Szenario aus drei schriftlichen Brainstormings:
- Nachdem das Problem möglichst präzise benannt wurde, wird alles auf einzelnen Kärtchen notiert, was das Problem derzeit ausmacht und wie es sich bemerkbar macht.
- Im zweiten Brainstorming wird gesammelt, wie man sich die Situation optimal vorstellt (das kann durchaus auch in sich widersprüchlich sein).
- Schließlich werden Maßnahmen zusammengetragen, die von der IST-Situation zur SOLL-Vorstellung führen können.

Diese Methode wurde schon sehr erfolgreich für Stadtteil-Sanierungen, Qualitätszirkel in Betrieben und Behörden und für die Veränderung des Schullebens angewendet.

◆ BRAINSTORMING

◆ IDEENFINDUNG

◆ PARTIZIPATION

◆ PLANUNGSTECHNIK

◆ QUALITÄTSMANAGEMENT

RÄTSELBILDER SELBER MACHEN

Ungewöhnlich fotografierte Gegenstände als Rateaufgabe

Eine Fotogruppe stellt Bilder zum Raten für andere Kinder oder Jugendliche her: Das können vergrößerte Bildausschnitte bzw. Makroaufnahmen sein, ungewöhnliche Fotoobjekte oder alltägliche Gegenstände aus einem besonderen Blickwinkel aufgenommen. Interessant sind auch Spiegelungen. Wichtig: Den Ratenden muss versichert werden, dass die Bilder nicht durch Bildbearbeitung oder Fotocollagentechnik nachträglich manipuliert wurden, denn damit ließe sich ja alles machen und die Ratenden wären völlig hilflos den modernen Manipulationsmöglichkeiten mit Computern ausgeliefert.

Statt den abgebildeten Gegenstand zu erraten, könnte die Rateaufgabe auch darin bestehen, die Entstehungsart des Bildes zu erraten.

HILFREICHE VARIANTE:
Zu jedem Bild werden vier Antworten zur Auswahl gegeben.

Bei unserem Bildbeispiel handelt es sich um kreisförmige bewässerte Felder in der Wüste im Westen der USA, vom Flugzeug aus fotografiert.

◆ FOTOGRAFIE

◆ RATEN

◆ SELBERMACHEN

◆ SPIEL SELBER MACHEN

RÄTSELCOLLAGEN SELBER MACHEN

Collagen herstellen, bei denen eine Kleinigkeit hineingeklebt wurde, die überhaupt nicht dazu passt

MATERIAL:
viele alte Illustrierte oder kleine Gegenstände bzw. Naturmaterialien

Bilder collagieren (Fotos zusammenkleben) und dabei ein bis drei kleine Abbildungen von etwas hinzufügen, was zur sonstigen Auswahl überhaupt nicht passt. Das muss dann geraten werden.

VARIANTEN:
Solche Rätselbilder selbst malen oder mit bearbeiteten Digitalfotos herstellen. Statt Bilder könnten auch Materialcollagen geklebt werden (z. B. aus Linsen, Gräsern usw. und darunter eine kleine Münze). Für jüngere Kinder könnte man auch Waren und Material in einen Korb tun und die Kinder müssen herausfinden, was das Gemeinsame der meisten Gegenstände ist und worin die Ausnahme besteht.

Siehe auch: „Rätselbilder", S. 90

◆ COLLAGEN

◆ RATESPIEL

◆ SELBERMACHEN

◆ WAHRNEHMUNGSTRAINING

RHYTHMISCHE GESTALTUNG MIT ALLTAGSGEGENSTÄNDEN: „STOMP"

Alltagsgegenstände ähnlich wie die Showgruppe „Stomp" rhythmisch bewegen

Haushaltsgegenstände oder alltägliche Gebrauchsgegenstände aus Schule und Büro werden von allen ausprobiert: Welche Geräusche machen sie? Wie kann man sich auf welchem Untergrund rhythmisch bewegen? Wie kann man Variationen erzeugen (in Lautstärke, Klangfarbe, Frequenz)? In Kleingruppen wird dann erprobt, wie gleiche oder unterschiedliche Gegenstände zusammenspielen können.

Schließlich wird eine kleine rhythmische Choreografie erarbeitet und gegenseitig vorgeführt. Ein herrliches Kreativitätstraining!

◆ MUSIK MACHEN

◆ RHYTHMIK

◆ ALLTAGSGEGENSTÄNDE

SAMMELSURIUM-MUSEUM

Eine Ausstellung mit Sammlungen von Gruppenmitgliedern veranstalten

Diese Methode macht Spaß, ist ein Bild von verschiedenen Identitäten und bringt die Betrachter vielleicht auf ein neues Hobby: Veranstalten Sie ein Museum der Sammelleidenschaften. Viele Kinder, Jugendliche und Erwachsene sammeln die merkwürdigsten Sachen: Briefmarken, Bierdeckel, Haferflockenbilder, Ansichtskarten, Starschnitte, Rezepte, Modell-Oldtimer, Münzen, Steine, Puppen, Teddys, Plakate,

Witze/Karikaturen, CDs, Autogramme, Autokennzeichen.
Jeder darf seine 10 besten Stücke aus seiner Sammlung mitbringen.

Siehe auch: „Ein Zettelkasten als Anregung", S. 30

◆ **HOBBY**

◆ **IDENTITÄTSFINDUNG**

◆ **SAMMELN**

SCHLÜSSELLOCH-EFFEKT

Kreativität fördern durch neugierig machende Präsentation

etwas nicht „offen sichtlich" ist und durch eigene kleine Mühen erst zugänglich wird, wirkt es auf den Betrachter interessanter und sozusagen selbst angeeignet oder „gefunden". Präsentieren Sie ein Thema, die Darstellung der Gruppe oder die Einrichtung, indem Sie diesen Effekt ausnutzen! Wie könnte man das machen? Einige Vorschläge:

- einen Gazevorhang verwenden
- Einblick nur von oben
- das innen beleuchtete Aufbewahrungskästchen mit Guckloch zum Hineinschauen
- eine Frage auf einer Klappe zum Hochheben, unter der dann die Antwort zu sehen ist

Bei manchen Ausstellung und in Kindermuseen können Sie die Anwendung des Schlüsselloch-Effekts gut sehen: Informationen oder ein Gegenstand werden absichtlich verborgen, sind erst zu sehen, wenn man durch ein Loch schaut, hinter eine Wand blickt oder ganz nah herangeht. Wenn

◆ AUSSTELLUNGSGESTALTUNG

◆ NEUGIER

◆ PRÄSENTATION

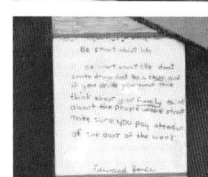

SCHÜLER GESTALTEN FASSADEN

Kacheln statt Graffiti

Ähnlich wie bei uns manches Graffiti-Projekt, gestalten in San Francisco Schülergruppen die Fassade ihrer Schule mit Wandgemälden, aber auch mit selbst gestalteten und gebrannten Kacheln. Manchmal sind es Gruppenarbeiten (dann entstehen ganze Säulen) oder Einzelstücke, auf denen Schüler Tiere, abstrakte Formen, ihnen wichtige Sprüche oder kleine Bilder mit Aussagen zum Umwelt-

schutz veröffentlichen. Die Kacheln wurden dann gebrannt, glasiert und an die Vorderfront und der Eingangstreppe der Schule wie hunderte von Visitenkarten angebracht.

◆ GESTALTUNG DES ÖFFENTLICHEN RAUMS

◆ KUNSTPROJEKT

◆ SELBSTDARSTELLUNG

SCHUHKARTONS GESTALTEN

Sich bzw. die eigene Gruppe mit der Ausgestaltung eines Schuhkartons vorstellen und präsentieren

Diese Methode ist sehr gut geeignet für Foren, auf denen sich verschiedene Einrichtungen darstellen wollen, aber kein Platz für Messestände vorhanden ist oder wenn Netzwerke ihre Mitglieder auf kreative Weise präsentieren möchten.

Siehe auch: „Schlüsselloch-Effekt", S. 94

Ähnlich wie bei der Methode „Adventskalender als Kennenlernspiel" soll hier ein vorgegebener begrenzter Raum (ein Schuhkarton) von einer Gruppe oder für eine Institution gestaltet und dann ausgestellt werden. Statt eines Schuhkartons wären auch eine Obstkiste oder ähnliche Behältnisse denkbar. Durch den Zwang, die Darstellung räumlich zu gestalten, entstehen sehr fantasievolle Ideen und Kompositionen.

◆ AUSSTELLUNGEN

◆ KENNENLERNEN

◆ NETZWERK

◆ PRÄSENTATION

SICH SELBST URKUNDEN AUSSTELLEN

Eigene besondere Fähigkeiten und Kenntnisse der Gruppe bekannt machen

Auf Stapeln liegen Fotokopien von Vorlagen für Urkunden (Vorlagen dafür gibt es in vielen Grafik- und Bildbearbeitungsprogrammen). Jeder soll mindestens eine Urkunde ausfüllen, worin er oder sie ein kleiner „Experte" ist. Etwas, was man gut kann, worüber man besonders gut Bescheid weiß oder worin man sich von den anderen in der Gruppe deutlich unterscheidet. Dann werden alle „Urkunden" und „Meisterbriefe" und „Zertifikate" an die Wand gehängt und in der Gruppe wird geraten, wer welche Mustervorlagen ausgefüllt hat. Dann soll noch etwas für alle über das spezielle Expertengebiet erzählt werden.

◆ FÄHIGKEITEN

◆ IDENTITÄT

◆ INDIVIDUALITÄT

◆ KENNENLERNEN

SPIELE ENTWICKELN!

Kreative Lernspiele selbst erfinden

Es gibt ein Set zu kaufen, mit dem man sein „eigenes Monopoly ausdrucken kann – mit selbst erfundenen Ereignissen, Gebäuden und Geschäften. Da könnte man auch ein paar Elemente sozialer Marktwirtschaft einbauen oder so was wie „Eigentum verpflichtet".

Auch andere konventionelle, bekannte Brettspiele können als Modelle für selbst entwickelte Lernspiele genutzt werden. Entweder tauscht man die Inhalte aus, variiert die Spielregeln, gestaltet das Spiel für eine andere Altersgruppe oder verändert die Form und Materialien. Eine Aufgabe könnte z. B. darin bestehen, das Material und Spielbrett so umzugestalten, dass eine große Gruppe mitspielen kann, was z. B. eine

Änderung des Materials und der Regeln erfordert. Oder aber die Großen bauen ein Spiel für die Kleinen.

Weitere für die Entwicklung von Lernspielen interessante Spielformen: Diskussionsspiele, Rollenvarianten, (Computer-)Entscheidungsspiele, Planspiele, Schreispiele, Rate- und Quizspiele, Puzzlespiele, Rallyes, Silben- und Kreuzworträtsel, Erkundungsspiele, Stadtsimulationen.

Bezugsquellen für Blanko-Karten, Würfel und andere Materialien siehe S. 204

◆ BRETTSPIELE VERÄNDERN

◆ LERNSPIELE

◆ SPIELE ERFINDEN

STEINE LEGEN UND DEUTEN

Aus einer großen Stein- oder Wurzelsammlung einen zu sich selbst passenden aussuchen und interpretieren

MATERIAL:
Steine oder Wurzeln

Als Kennenlernspiel, Gestaltübung oder kreatives Wahrsagespiel geeignet. Aus einer vielgestaltigen Steinesammlung sucht man sich einen heraus, der wichtige Teile der eigenen Person symbolisiert durch seine Gestalt, Farbe, Größe, Beschaffenheit usw.
Der Stein wird dann in die Mitte gelegt und entweder spekuliert erst einmal die Gruppe darüber, warum gerade dieser Stein von der Person gewählt wurde oder aber die Person erläutert ihre Wahl selbst.
Eine Person kann auch als Wahrsager fungieren und eine Verbindung zwischen der Steinbeschaffenheit und Zukunftsdeutung für eine bestimmte Person herstellen. Das stellt eine hohe Anforderung an die Fantasie dar, daher sollte die wahrsagende Person die andere möglichst gut kennen. Wenn man mehrere Steine heraussuchen lässt, dann kann man natürlich auch noch Aussagen über die Lage der Steine zueinander erfinden.
Sie können die Steine auch mit geheimnisvollen Zeichen bemalen.

◆ **GESTALTARBEIT**

◆ **KENNENLERNEN**

◆ **KREATIVITÄTSTRAINING**

◆ **WAHRSAGESPIEL**

SYMBOLISCHE STATT REALER KREATIVITÄT

Statt echter Veränderung entwickelt gesellschaftliche Kreativität oft nur einen symbolischen Ausdruck

Eine langweilige Hochhaus-Siedlung im Osten Berlins (Ortsteil Marzahn) wurde von einem Künstler über Weihnachten 1999 kreativ verändert: Die Fahrstuhlbetriebsräume auf dem Dach jedes Hochhauses wurden farbig angestrahlt. Ein schöner Anblick – von weitem – bloß die Bewohner hatten gar nichts davon. Und die Kriminalitätsrate oder der Drogenkonsum oder die Scheidungsrate sind auch nicht dadurch gesunken. Hätte man das Geld nicht für eine Verschönerung der Spielplätze besser ausgegeben?

Bei Kreativaktionen und kulturellen Projekten ist darauf zu achten, inwiefern eine tatsächliche ästhetische Verbesserung erreicht wird oder ob es sich nur um einen Akt symbolischer Politik handelt!

Siehe auch: „Über Kreativität nachdenken", S. 111

◆ ÄSTHETIK

◆ KREATIVITÄT UND GESELLSCHAFT

◆ SOZIALE KREATIVITÄT

TÄTIGKEITSSTREIFEN

Kreative Darstellung des Zeitbudgets

Jeder erhält einen Plakatkartonstreifen von ca. 60 cm Breite und 10 cm Höhe und zeichnet in die Mitte einen Längsstrich. Dann wird der Streifen auf der Hälfte (bei 30 cm) geknifft. Die Hälften werden nun übereinander gelegt und nochmal bei der Hälfte geknifft. Nach dem Auseinanderfalten sind nun Kniffe bei 25 %, 50 % und 75 %, wenn der ganze Streifen = 100 % ist. Jetzt den Streifen (= 100 % Zeit) in Tätigkeitsbereiche unterteilen. Dann im unteren Abschnitt so viel wegreißen, wie an der Tätigkeit keinen Spaß macht! Je nach Gruppe und Reflexions-schwerpunkt kann der Streifen die Gesamtheit der wöchentlichen Arbeitszeit symbolisieren oder einen Lebenszeitabschnitt oder nur die Zeit, die in einem Jahr in der Schule verbracht wurde.
Für die Auswertung bildet man Dreiergruppen, stellt die Streifen vor und bespricht die Unterschiede und Ähnlichkeiten. Dann soll darüber nachgedacht werden, wie jeder seinen Zeitanteil, der keinen Spaß macht, verringern könnte.

Siehe auch: „Der etwas andere Personalbogen", S. 25 und „Arbeitsplatz definieren", S. 14

◆ ARBEITSPLATZ

◆ AUSWERTUNG

◆ BERUF

◆ GRAFISCHE DARSTELLUNG

◆ SELBSTMANAGEMENT

◆ SYMPATHIEVERTEILUNG

TASTSPIELE – TASTGESCHICHTEN

Tasten und Fühlen, um zu genießen

Eine kreative Aktion, um sich im Zeitalter der Reizüberflutungen auf eine bestimmte Sinneswahrnehmung konzentrieren zu können: Ungewöhnlich geformte Gegenstände werden mit geschlossenen Augen (oder mit den Händen auf dem Rücken) erfühlt, ihre Oberfläche wird ertastet, ihr Gewicht geschätzt, das Gefühl benannt, das der Gegenstand auslöst. Während des Fühlens kann leise Musik gespielt werden (auch als Zeitbegrenzung). Die Tastgegenstände könnten z. B. sein: Steine, Muscheln, Moos, Wurzeln, ein Stück Fell, Schrottteile ohne scharfe Kanten.

VARIANTE:
Bei jüngeren Kindern könnte eine Geschichte erzählt werden, in der immer wieder etwas zu ertasten ist. Eine schöne Aufgabe ist es, wenn Gruppen sich gegenseitig ein Tastbild oder einen Fühlpfad anlegen.

HINWEIS:
Für Kinder stellt das Tastspiel „Blinde Kuh" (Otto Meier Verlag, Ravensburg) eine interessante kreative Herausforderung dar.

◆ BLINDSPIEL

◆ FANTASIE ANREGEN

◆ SINNESSCHULUNG

◆ WAHRNEHMUNGSFÖRDERUNG

TEAMDENKMAL

Mit Bastel- und Spielmaterial sein Arbeitsteam darstellen

Diese Methode eignet sich gut für eine kreative Teamberatung. Jeder stellt das Team aus Kolleginnen und Kollegen, mit denen man zusammenarbeitet, mithilfe von Püppchen, Bauklötzen, Papier, Fäden, Knete und Folien usw. dar: Die Bedeutung der Teammitglieder, ihre Beziehungen, Aktivitäten usw. sollen dargestellt werden. Dann wird in der Gruppe darüber gesprochen, welche unterschiedlichen Sichtweisen jeder von seinem Arbeitsteam hat, wer welche Rollen einnimmt und wie sich das Team weiterentwickeln sollte.

Siehe auch: „Beziehungsnetzwerke", S. 16

◆ AUSWERTUNG

◆ BERATUNG

◆ GRUPPE

◆ SUPERVISION

◆ TEAM

TEAM-ENTWICKLUNGSUHR

Bewusstmachen von Entwicklungsphasen in der kreativen
Team- und Gruppenarbeit

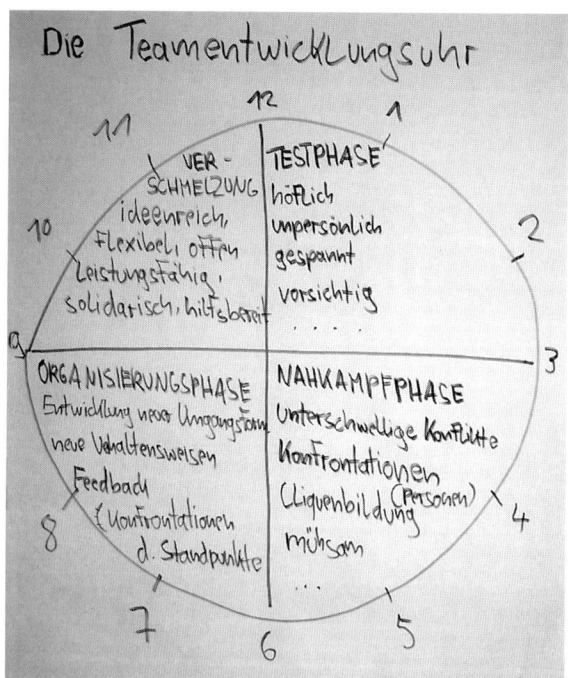

Gruppen, die sich in einem kreativen Arbeitsprozess befinden, kann man mit der Team-Entwicklungsuhr bewusst machen, in welcher Phase der Entwicklung eines Arbeitsteams sie sich befinden. Wenn es z. B. mit der kreativen Arbeit nicht so recht vorangehen will, dann kann die „Uhr" der Gruppe helfen, über sich selbst zu reflektieren und Gründe für ihren „toten Punkt" zu besprechen.

Jeder kann sich dazu äußern, bei welcher Uhrzeit er das Team im Moment sieht und ob sich das Team zurückentwickelt oder wie es (zum nächsten Zeit-Viertel) voran kommen kann.

◆ BERATUNG

◆ GRUPPENPÄDAGOGIK

◆ KREATIVER ARBEITSPROZESS

◆ SPIELE ERFINDEN

TEILNEHMERFOTOS NUTZEN

Fotos von Beteiligten, Gästen oder Besuchern
in Veranstaltungen sinnvoll einbauen

Mit einiger Fantasie findet man fast immer eine Möglichkeit, Fotos der Beteiligten oder Gäste in einer Darstellung innerhalb der Gruppenaktion zu verwenden.
In unserem Bild wurden Digitalfotos schnell mit einem Laserdrucker auf A4-Blätter ausgedruckt und dann in das Eisenbahn-Wandgemälde eingeklebt (Reise-Spielaktion). „Bahncards", „Pässe", „Sonderausweise" u. Ä. können auch für die Fotos genutzt werden. Die Fotos ermöglichen bei Großgruppen ein leichteres Kennenlernen untereinander und eine intensivere Identifikation und Motivation mit der Veranstaltung.

VARIANTE:
Sofortbilder (teuer: je Bild
ca. 2 DM).

◆ FOTOGRAFIE

◆ MOTIVATION

◆ SPIELAKTION

◆ VERANSTALTUNGSPLANUNG

TIERE IN DEN WOLKEN SEHEN

In natürlichen Mustern Figuren entdecken

Sie kennen das: am Strand oder auf einer Wiese liegen, in den Himmel schauen und die Wolken beobachten. Und wenn man Glück hat, erkennt man manchmal in den Wolkenumrissen Tiere oder menschliche Gestalten. Wenn man besonders viel Glück hat, sogar den eigenen Opa ...
Machen Sie daraus eine Kreativitätsübung für sich oder die Gruppe: Entdecken Sie in Naturformen bekannte Umrisse.
Zum Beispiel sehen die Pilzalgen auf dem Felsen nicht wie eine alte Landkarte von Europa aus? Oder doch eher wie Pflanzenvorkommen auf dem Mars?

VARIANTE:
Wurzeln oder Äste sammeln, die eine besondere Form haben.

Siehe auch: „Verrückte Bedeutung ausdenken", S. 113 und „Rätselbilder", S. 90
Viele interessante Rätselbilder finden Sie im 4. Teil, S. 188–197 und auf der CD-ROM.

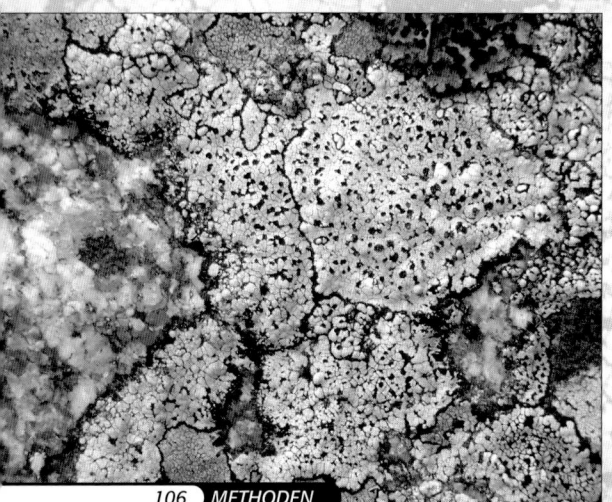

- ◆ ÄHNLICHKEITEN ENTDECKEN
- ◆ KREATIVÜBUNG
- ◆ SEMANTIK ERFINDEN
- ◆ WAHRNEHMUNG

TINTENKLECKSE WITZIG INTERPRETIEREN

Bei Bildern fantasievoll ergänzen, was man nicht sieht

Bereiten Sie Karten mit Tintenkleckse (kann auch Mal-Tusche sein) vor. Dann überlegen Sie sich drei typische Assoziationen zu jedem Klecks, die beim weiteren Verlauf des Spiels möglichst nicht genannt werden sollen.

Danach zieht einer in der Gruppe eine Karte, ein Nachbar erklärt ihm die Bedeutung des Kleckses – mit möglichst witzigen Anspielungen auf dessen Person.

Die Kärtchen kann man auch drehen, dann sieht man plötzlich etwas ganz anderes!

Überlegen Sie sich bereits vorher, was passieren soll, wenn die „typischen Assoziationen" genannt werden (Pfand abgeben? Münze in gemeinsame Kasse zahlen?).

◆ ASSOZIATIONEN

◆ SYMBOLIK, ANALOGIE

◆ WAHRSAGEN

TRAUMKARTEN GESTALTEN

Berufswunsch, Lebensträume, Identität u. Ä. visualisieren

Diese beiden Karten können mit Sprüchen, kleinen Skizzen, Applikationen, Bildern usw. versehen werden. Die obere Karte soll gestaltet werden zu der Frage: Was ist mir für unsere Zukunft wichtig? Die untere Karte soll gestaltet werden zu der Frage: Was möchte ich von mir zeigen, wer bin ich? Dann wird eine Ausstellung mit den Karten organisiert. Freie Karten für die Besucher sollten zur Verfügung gestellt werden.

Beispiele für Karten, die von Kindern und Jugendlichen ausgefüllt wurden.

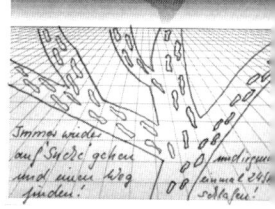

◆ AUSSTELLUNG

◆ IDENTITÄT

◆ KENNENLERNEN

◆ ZUKUNFT

HINWEIS: Beide Karten finden Sie zum Ausdrucken auf der CD-ROM.

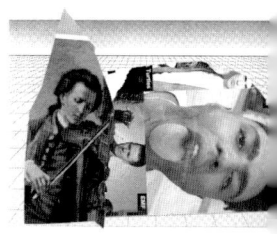

TRENDTHEMEN IN VERANSTALTUNGEN

Kreative Planung brücksichtigt auch aktuelle Themen

Ein „Tag der offenen Tür", eine Spielkette oder eine besondere Gruppenaktion können besonders spannend werden, wenn sie zu einem Trendthema geplant werden. Hier im Bild wurde z. B. eine ganz normale Spielkette durch die Einkleidung in die Geschichte vom Untergang der „Titanic" besonders witzig und kreativ umgesetzt. Trendthemen entstehen durch weltweit erfolgreiche Filme („Starwars"), durch Computerspiele („Moorhuhnjagd", „SuperMario") oder etwas seltener, dafür aber langlebiger durch Sportartikel (Rollerblade) und Spielzeug (Tamagotchi). Spiele, Dekoration, Einladung, Preise, Mixgetränkenamen usw. sollten dann mit dem Trendthema zu tun haben. Beispiele für „Trend"-Spielaktionen finden Sie immer wieder in der Zeitschrift „gruppe & spiel" (Kallmeyer Verlag, Seelze).

Siehe auch: Beitrag zu jugendgemäßen Kulturangeboten im 2. Teil, S. 157 und „Bestandteile kreativer Projekte", S. 15

HINWEIS:
Um sich über Trendthemen zu informieren, können Sie typische Lifestyle-Zeitschriften wie etwa „Max" lesen, den Lifestyle-Bereich in AOL aufsuchen oder den kostenlosen Newsletter von www.trendbuero.de lesen.

◆ COMPUTERSPIELE

◆ JUGENDKULTUR

◆ SPIELAKTION

◆ THEMA BEARBEITEN

ÜBER DAS 20. JAHRHUNDERT

Unterschiedliche Frage- bzw. Aufgabeformen – alle bezogen auf Ereignisse, Personen und Daten aus dem 20. Jahrhundert

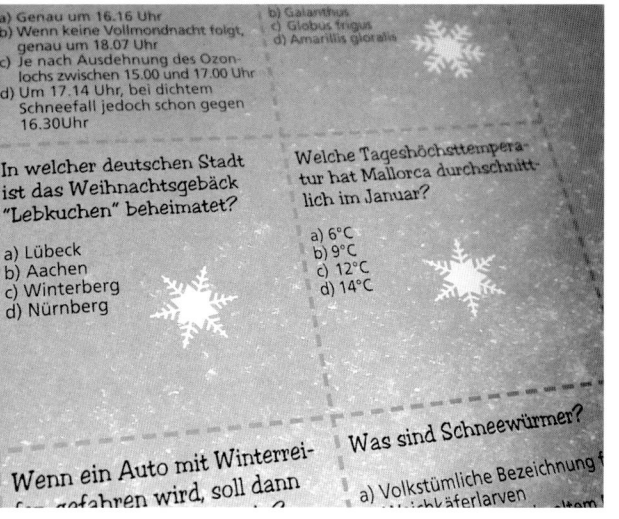

Weitere Frageformen, die in einem Quiz genutzt werden können, finden Sie im Spiel zum Sofortspielen von gruppe & spiel, Heft 4/99.

VARIANTE:
Eine wirklich kreative Gruppenaufgabe ist es, ein Quiz mit Auswahlantworten (vielleicht für jüngere Gruppen) zu erfinden. Anregungen finden Sie im Winter-Quiz (gruppe & spiel, Heft 4/2000).

BEISPIELAUFGABE:
Bringe die Ereignisse in die richtige Reihenfolge – vom kürzesten bis zum Ereignis, das am längsten im 20. Jahrhundert gedauert hat:
(Auflösung in Klammern: Dauer in Jahren)

Berliner Mauer	(28)
II. Weltkrieg	(5,5)
Weimarer Republik	(14)
Mark der DDR	(41)
EU	(6,2)
UdSSR	(69)
Brandt, Reg. Bürgerm.	(9)

◆ GESCHICHTE
◆ JAHRHUNDERT
◆ POLITISCHE BILDUNG
◆ QUIZ
◆ RATESPIEL

ÜBER KREATIVITÄT NACHDENKEN

Anhand von Zitaten aus der Literatur über die eigene Kreativität nachdenken

Auch die Wirtschaft macht Aussagen zur Kreativität. Hier eine große doppelseitige Anzeige von Siemens: „Die Gedanken wollen frei sein. Lassen Sie sie raus. Und mit anderen Gedanken spielen". Im 4. Teil, S. 216 habe ich Zitate zum Stichwort „Kreativität" zusammengestellt: Suchen Sie Ihre drei Hits. Warum sind es gerade diese Zitate?

- Was hat diese Wertung mit Ihrem Leben, Ihrer Erziehung und Bekanntschaften zu tun?
- Wann sind Sie am kreativsten? Morgens unter der Dusche oder abends nach einem Glas Rotwein?
- Brauchen Sie anregende Menschen um sich oder sind Sie das einsame Genie?

- Kommt Ihnen blitzartig die tolle Idee oder verändern Sie einen Gedanken immer wieder?
- Können Sie gut mit ähnlichen Menschen oder entgegengesetzten Menschen zusammenarbeiten?

HINWEIS:
Im 2. Teil, S. 146 finden Sie mehrere Mind-Maps zum Nachdenken über Kreativität.

Siehe auch: „Symbolische statt realer Kreativität", S. 100

◆ DENKANSTÖSSE

◆ KREATIVITÄT

◆ SELBSTERFAHRUNG

UNTERWASSER-PUPPENSPIEL

Materialien nach Musik durchs Aquarium bewegen

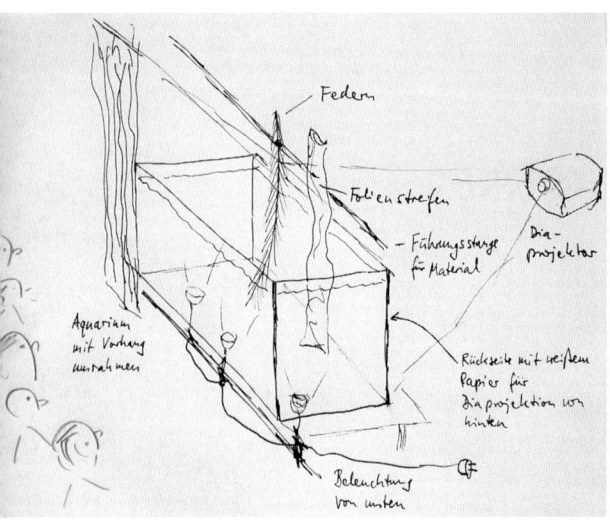

Federn

Folienstreifen

Führungsstange für Material

Dia-projektor

Aquarium mit Vorhang umrahmen

Rückseite mit weißem Papier für Dia projektion von hinten

Beleuchtung von unten

MATERIAL:
ein Aquarium, Federn, (Alu-)Folie,
Plexiglas-Streifen (ca. 5 x 30 cm)

Dies ist ein hervorragendes Beispiel für die kreative Entwicklung einer neuen Gestaltungsidee: Einfach eine bekannte künstlerische Form (das Puppenspiel) in eine neue Umgebung verpflanzen – und schon entsteht etwas faszinierend Neues. Die Idee stammt von einem Puppenspieler aus New York: Nach der Musik von Hector Berlioz „Symphonie fantastique" bewegten er und sein Team leicht

schwebende Materialien durch ein von unten geschickt beleuchtetes Riesen-Wasserbecken. Eine tolle Idee, die man mit einem ausrangierten Aquarium auch selbst umsetzen kann. Für das Publikum darf natürlich nur die Vorderfront zu sehen sein – alles Drumherum muss mit Stoffen abgedeckt sein –, das Becken ist dann als kleine Guckkastenbühne zu gestalten. Die Materialien können an Plexiglas-streifen durch das Becken im Tempo der Musik bewegt werden. Sehr eindrucksvoll!
Lassen Sie sich viele Varianten einfallen: Projektionen auf die Rückseite des Beckens, Wasser färben, Lichteffekte, Spiegel im Wasser, verschiedenfarbige Folien …

◆ KREATIVITÄTSTECHNIK

◆ MUSIK GESTALTEN

◆ PUPPENSPIEL

◆ SHOW

◆ VERANSTALTUNGSPLANUNG

VERRÜCKTE BEDEUTUNGEN AUSDENKEN

Sich Erklärungen für merkwürdige Dinge in der Natur überlegen

Denken Sie sich als kleine Kreativitätsübung zu merkwürdigen Dingen, die Ihnen begegnen, eine verrückte Bedeutung aus. Auf einer Almwiese in den Schweizer Bergen sind uns diese Steinhaufen aufgefallen. Was haben sie zu bedeuten? Sind es getarnte Eingänge für die Bunker der Schweizer Verteidigungsstreitkräfte? Sind es Landebahn-Markierungen für außerirdische Raumschiffe? Oder handelt es sich gar um Hünengräber für an einer Seuche verendete Kühe (und die kleinen für Bergziegen)?

Siehe auch: „Rätselbilder", S. 90 „Tiere in den Wolken sehen", S. 106 und „Die magische Kugel", S. 28

HINWEIS:
Im Materialteil und auf der CD-ROM finden Sie viele Bilder zum Nachdenken.

◆ FANTASIEGESCHICHTE

◆ KREATIVÜBUNG

◆ SEMANTIK

VISUALISIEREN ALS ORIENTIERUNGSHILFE

Abläufe und Zusammenhänge grafisch darstellen –
zum Überblick und zur Orientierung

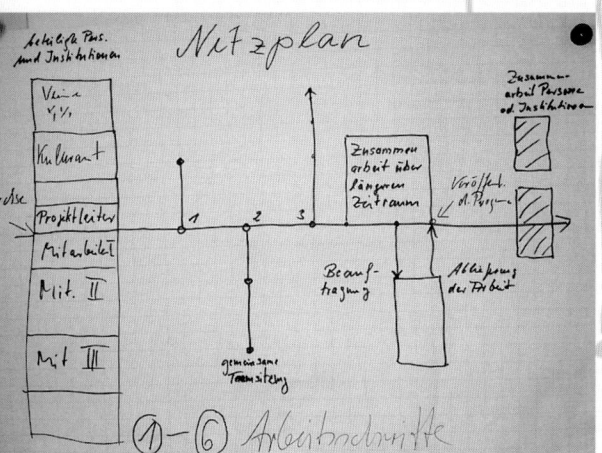

Manche kreative Menschen ertrinken im Chaos ihrer vielen tollen Ideen. Und in vielen Gruppen und Arbeitsteams kommen keine Ideen zustande, weil keiner recht weiß, wo man sich befindet. In kreativen Prozessen (egal, ob in einer Planungs- oder Umsetzungsphase) ist eine für alle sichtbare Orientierung – ein Überblick – äußerst wichtig: Als Überblick über das ganze Problem, als Orientierung zum Stand der Dinge oder als grafische Darstellung des roten Fadens, an dem unser Handeln ausgerichtet sein sollte. Bei der Umsetzung eines Prozesses oder größeren Zusammenhangs in einer Grafik

fallen einem auch Störstellen, Sackgassen oder Varianten ein, die man vorher überhaupt nicht gesehen hat. Allerdings können auch bei einer zweidimensionalen Darstellung Dinge verloren gehen, die man vorher im Kopf hatte.
Grafische Darstellungsweisen sind z. B.:
- Netzplan
- Mind-Map (s. Teil 2, S. 146)
- Organigramm/Flussdiagramm
- Metaphorische Grafik (kleine Bilder und Skizzen)
- Collage
- Darstellung mit symbolischen Gegenständen und Figuren
- Darstellung mit (LEGO-)Bausteinen

Siehe auch: „Beziehungsnetzwerke, S. 16 und „Tätigkeitsstreifen", S. 101

◆ ORIENTIERUNG

◆ PLANUNGSTECHNIK

◆ PROZESSDARSTELLUNG

◆ VISUALISIERUNG

WAHRSAGEN ÜBEN

Fantastische Interpretationen zur Konstellation bestimmter Materialien entwickeln

Mit einer Steinesammlung, Tarot-Bildkarten, den OH-Karten*, mit Bleigießen und ähnlichen deutbaren Materialien kann man hervorragend „wahrsagen" – natürlich nicht als ernsthafte Vorhersage, sondern als fantasievoller Spaß. Selbst gestaltete oder selbst collagierte Bildkarten sind ein zusätzlicher Anlass die Kreativität in der Gruppe zu üben. Kleine Gegenstände in gleich große Dosen stecken, Dosen verschieben, eine auswählen lassen, öffnen und den Gegenstand deuten. Nutzen Sie die Formen und Konstellation der Einzelteile zueinander sowie die Farben oder Abbildungen, um daraus Antworten auf eine vorher gestellte Frage „zu lesen". Machen Sie keine negativen Aussagen (falls jemand in der Gruppe den Spaß ernst nimmt). Überlegen Sie sich

Alltagsmaterial, mit dem auch hervorragend geweissagt werden kann, z. B. wie zehn Nudeln, die mit geschlossenen Augen in die Tischmitte geworfen werden, zueinander liegen. Streichen Sie die Nudeln mit Leuchtfarbe an, gehen Sie mit ihnen z. B. in ein dunkles Zelt und schalten Sie das Schwarzlicht an – wow!).

Literaturhinweis: OH-Karten, Vertrieb in Deutschland u. a. durch den Robin-Hood-Versand, Küppelstein 36, 42857 Remscheid

◆ BILDKARTEN

◆ FANTASIE

◆ KREATIVÜBUNG

◆ UNTERHALTUNG

◆ WAHRSAGEN

WAS AUS EINEM REIFEN ENTSTEHEN KANN

Dieses Kinderschaukelpferd habe ich in einem Designer-Möbelladen in London gesehen. Machen Sie mal ein Brainstorming: Was kann man noch alles mit einer Stichsäge und etwas Geschick aus einem alten Reifen gestalten? Vielleicht einen Tunnel für die Modelleisenbahn? Selbst geschnitzte Stempel? Türstopper?

◆ ALTMATERIAL

◆ GESTALTUNG

◆ SPIELGERÄTE

WAS ZIEHT DEINEN BLICK AUF SICH?

Seinen eigenen Wahrnehmungsinteressen auf die Spur kommen

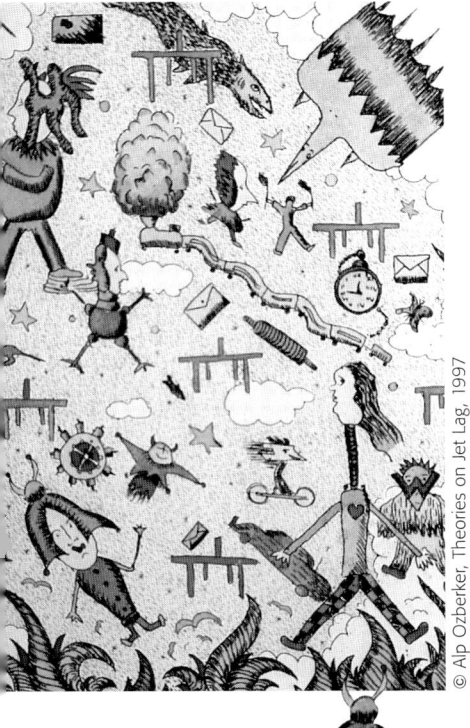

© Alp Ozberker, Theories on Jet Lag, 1997

MATERIAL:
möglichst große Reproduktionen vielgestaltiger Fotos oder Kunstwerke

Diese Wahrnehmungsübung kann am besten paarweise durchgeführt werden. Jeder nimmt ein vielgestaltiges Bild in die Hand und schaut etwa zwei Minuten darauf und merkt sich die drei Einzelheiten, die ihm am Anfang auffallen. Am besten notiert man sich diese. Dann schaut jeder eine Stelle auf seinem Bild länger und genauer an, und zwar die, die man persönlich am interessantesten findet. Danach werden die Bilder ausgetauscht und mit dem neuen Bild wird nochmal dasselbe gemacht. Anschließend tauscht man sich darüber aus, welche Einzelheiten gleich am Anfang besonders attraktiv waren. Nun kann man zu zweit über die Gründe spekulieren.
Was trägt diese Übung zur Förderung der kreativen Fähigkeiten bei? Nur wer seinen Fokus kennt, kann eingefahrene Wahrnehmungsmuster verlassen und Neues entdecken.
Siehe auch: Materialteil
S. 202/203

Siehe auch: Materialteil
S. 202/203

◆ BILDENDE KUNST

◆ KREATIVÜBUNG

◆ WAHRNEHMUNG

WERBEPOSTKARTEN

Jeder sucht sich Werbepostkarten aus, die ihm etwas bedeuten

zur Person haben (zu ihrem Hobby, typischen Sprüchen oder Eigenschaften) und die zweite Karte soll einem extrem gut gefallen (z. B. wegen des Bildmotivs, der Gestaltung, der Farben). Dann werden beide Karten in der Gruppe präsentiert und kommentiert. Mehrere Karten kann man auch zum Geschichten erfinden und erzählen nutzen. Wenn man in der Gruppe eine Homepage oder ein Plakat gestaltet, kann man auch über gut oder weniger gut gefallende Karten und ihre Gestaltungsmerkmale diskutieren oder auf Gestaltungsideen kommen.

Reklamepostkarten, wie sie kostenlos in vielen Gaststätten und Diskos ausliegen, eigenen sich hervorragend für viele kreative Methoden.
Als Kennenlernverfahren sucht sich jeder aus einem größeren Stapel (oder alle auslegen) zwei Karten aus: Eine sollte wegen der Abbildungen oder Texte einen Bezug

◆ GESCHICHTEN ERFINDEN

◆ GESTALTUNGSIDEEN ENTWICKELN

◆ KENNENLERNEN

WIE MACHT IHR DAS EIGENTLICH?

„Benchmarking" – wie machen es die anderen?

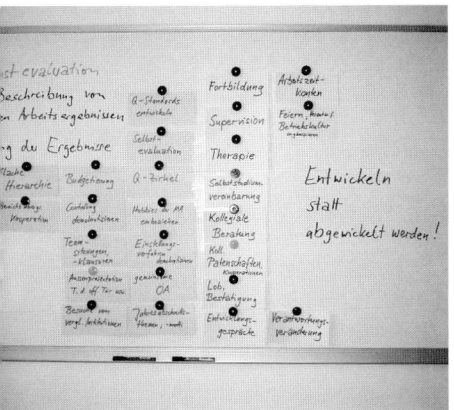

Wie wird z. B. Qualitätssicherung in den verschiedenen Einrichtungen der Jugendarbeit betrieben? Wo und wie findet Partizipation der Besucher statt? Wie werden ehrenamtliche Helfer angeworben? Wie vollzieht sich in der Stadt die Vernetzung und Kooperation von Jugend- und Kultureinrichtungen? Erfahrungsaustausch und Vergleich zwischen Einrichtungen muss nicht Gleichmacherei oder Zunahme von Konkurrenz bewirken, sondern kann Arbeitsteilung, Originalität und individuelle Lösungen zur Folge haben.

HINWEIS:
Varianten entwickeln durch die Methoden, die wir auf den Seiten 63 und 67 beschreiben!

Statt mittels Brainstorming kann man auch auf Ideen kommen, wenn man sich Informationen darüber besorgt, wie es andere machen, wie es früher gemacht wurde oder wie man im Ausland verfährt. Sich erkundigen, eine Befragung machen oder eine Maßnahmensammlung bei einem Treffen von Mitarbeitern aus verschiedenen Einrichtungen veranstalten – der Erfahrungsaustausch ist ein wichtiges Mittel, um selbst auf neue Ideen zu kommen. Es geht gar nicht um die Übernahme von Maßnahmen oder Projekten, sondern darum, auf diese Weise selbst auf eigene originelle Lösungen zu kommen.

◆ BENCHMARKING

◆ ERFAHRUNGSAUSTAUSCH

◆ KOOPERATION

◆ KREATIVITÄTSTECHNIK

◆ QUALITÄTSSICHERUNG

WIR VERANSTALTEN EINEN TANZTEE

In der Jugendgruppe eine Erwachsenen-Veranstaltung spielen

MATERIAL:
Stoffe (z. B. alte Gardinen), Federn, Ketten, Hüte zum Verkleiden; Tanzmusik der 20er-Jahre

Statt einer normalen Gruppenstunde bereiten wir einen nostalgischen Tanznachmittag vor, nehmen rote Stoffe und eine Spiegelkugel zur Raumdekoration, basteln „Spitzendecken" (aus Papier oder Tortendecken) zur Tischdeko, suchen Musik aus den 20er-Jahren oder deutsche Schlager der 50er- und 60er-Jahre zusammen und bereiten eine Verkleidungsecke vor. Dann wird das Tanzcafé eröffnet. Ereignisse könnten sein: Hitparade,

Modenschau, Tombola, Gruppentänze, Ball paradox.

VARIANTE:
Eine Themendisko durchführen. In Tanzpausen gibt es Spiele, ein Quiz oder eine Versteigerung zu einem bestimmten Thema, die Dekoration wird auch auf das Thema abgestimmt.

◆ GRUPPENSTUNDE

◆ SPIELAKTION

◆ TANZSPIELE

◆ VERANSTALTUNGSPLANUNG

2. TEIL **KONZEPTE**

Welche
Praxisbereiche
der Kreativität
gibt es?

In der
Wirtschaft

Kreative Produktentwicklung
Kreativität in der Produktwertung
Kreatives Marketing, Sozial-
Produkt Placement usw.
Kreative Verkaufstechniken

Kreative
Beratungs-
situationen

Kreative Medien in der
Therapie und Supervision
z. B. Psychodrama, Masken

Pädagogische
Kreativität

Kreative Unterrichtsformen
und Methoden
Kreative Methoden für die
Qualitätssicherung (Anamnese,
Evaluation, Transferdiagnose)

Kreativität
von Künstlern

Kreativität
im Alltag

Erfinden von neuen Problembewältigungsstrategien
Kreative Formen der Selbstdarstellung z. B. auf der Homepage,
ins Mode, in der Wohnung

Kreativität in
den Medien

Neugierig sein

Informationen
wild verknüpfen
können

aus unterschiedlichen Fachgebieten
aus Erinnerungen, Realität, Medien-
berichten, Literatur, Träumen und Utopien
aus unterschiedlichen Wahrnehmungs-
kanälen (sehen, lesen, hören, riechen,
fühlen usw.) Aufgenommenes

**Vielfältiges
Allgemeinwissen**

**Denkverbote und
Tabus missachten
können**

Political Correctness muss
momentan nicht beachtet
werden

Kosten und Praktikabilität
sind erst mal egal

Was die anderen davon
halten, braucht erst mal
nicht berücksichtigt zu werden

Was fördert meine
Kreativität?

Defizit wahrnehmen und nicht
verdrängen, leugnen oder ignorieren

Probleme pragmatisch (realistisch,
optimistisch) angehen

Ein Problem
lösen müssen
und/ wollen

Zeit und Kompetenz für
die Problemlösung besitzen

Engagiertes und aktives Verhältnis
zur Umwelt und zu sich selbst haben
(statt abwartende, rezeptive oder
verzweifelte Haltung)

DIE FANTASIE IST AN DER MACHT!

Wie man mit dem Rollenspiel die soziale Kreativität Jugendlicher fördern kann

Dieser Beitrag handelt von sozialer Kreativität und ihren Chancen im Spiel, durch Spiel. Zunächst möchte ich klären, warum es mir um diese spezifische Art der Kreativität geht und was ich mit „sozialer Kreativität" meine. Vier Bilder, in mehrjährigem Abstand aufgenommen:

1958. In einem Drei-Familien-Haus in einem Berliner Vorort, im Kinderzimmer baut ein zwölfjähriger Junge bereits seit zwei Stunden eine elektrische Modelleisenbahn auf. Er baut die Anlage in diesen zwei Stunden bereits zum dritten Mal wieder neu auf. Diesmal mit der doppelten Kreuzungsweiche in der Mitte und mit dem Güterbahnhof hinter einem Berg.
Die Mutter macht sich langsam Sorgen: Der Junge spielt überhaupt nicht mit der Bahn. Kaum hat er eine Anlage zusammengesteckt und ist ein paar Mal Probe gefahren, reißt er alles auseinander, macht einen neuen Plan als Bleistiftskizze, klärt ab, ob das Schienenmaterial reicht.
Das Wort Kreativität war in Deutschland damals noch nicht üblich, aber statt in einer einmal geschaffenen Welt die Züge nur so herumfahren zu lassen, spielte dieser Junge dadurch kreativ, indem er daran Spaß hatte, immer neue Welten zu erschaffen – keine Fantasiewelten, sondern immer funktionierend und immer nur mit dem begrenzten Schienenmaterial.

Weiter im Frühsommer 1968. Es sind die Monate der Mai-Unruhen in Frankreich. Wenn man an einer der langen Mauern der Pariser Universität Sorbonne nicht zu schnell vorbeifährt, kann man den aufgesprühten Spruch „Die Fantasie ist an der Macht!" gut lesen. In jenen Jahren, in Berlin-West: Ein junger Mann korrigiert noch einmal den Ankündigungstext für einen Arbeitskreis der kritischen Universität Berlin, eine Art freie Erwachsenenbildungseinrichtung der Studentenbewegung. Bewusst ins Leben gerufen als parteiliches Gegenstück zu den in Berlin damals gut ausgebauten Volkshochschulen, deren Angebote sich jedoch z. B. im Fachbereich Kreativität in der Vermittlung von Makramee und Ikebana erschöpften.
Er streicht im Text vom „Arbeitskreis 17: Demokratisierung der Schule" einige Passagen, die zwar die reine Lehre widerspiegeln, aber selbst von kritischen Schülern, die man als Teilnehmergruppe auch ansprechen wollte, nicht zu verstehen gewesen wären.

Wieder ungefähr zehn Jahre später. Derselbe junge Mann, inzwischen 32, sitzt in der Spielleitung eines Planspiels. Ein Brief an den Jugendwohlfahrtsausschuss wird abgegeben. Eine Demo wird von der Gruppe „Jugendliche Besucher" angekündigt. Hektik. Es geht um die Schließung eines Jugendzentrums und um originelle und konstruktive Lösungen, dies zu verhindern. Hier wird soziale Kreativität im Spiel erprobt: Ideen für politisches Verhalten auf dem Prüfstand. Dieses Planspiel war Bestandteil einer Spielpädagogik-Fortbildung der Akademie Remscheid und jener Mann in der Spielleitung war der Dozent dieses Fachgebiets.

Und jetzt ein Sprung: 20 Jahre später, 1998 brütet derselbe Mann über das Thema „Kreativität im Spiel". Er denkt über einen pfiffigen Anfang nach und um auf ein paar andere Gedanken zu kommen, beginnt er in einer Erzählung zu schmökern.[1] Plötzlich lässt ihn ein Satz nicht mehr los:
„Die Revolution war tot, jeder Mensch war nur eine Insel, und Stanley war vierzig, ein verbitterter Vierzigjähriger ohne Flügel." Mit sehr leiser Wehmut fallen dem Mann, jetzt 52, Szenen von vor 30 Jahren ein.
Damals in Berlin, als wir schon glaubten, die Fantasie sei an der Macht. Aber so einfach klappt das nicht, soziale Kreativität zu verwirklichen. Mit verhaltenem Trotz sagt er zu sich: Verbittert und ohne Flügel? Das ist das falsche Bild. Ganz im Gegenteil, jetzt verbrennt er sich nicht mehr die Flügel an der Sonne. Das ist eine seiner Erfahrungen: Die politischen Sprüche und rosigen Utopien bringen Trost, aber entfernen uns zugleich von unserem Alltag, unserer Subjektivität. Das weiß er jetzt. Und wenn er jetzt darüber spricht, wie Menschen zu ihrem aufrechten Gang verholfen werden kann, dann ist die Machtfrage nur ein Punkt unter vielen. Die Fähigkeit der Menschen, ihre soziale Kreativität zu kultivieren, ist zu einem entscheidenden pädagogischen Ziel geworden.

Mit diesen vier Spots kann nicht systematisch abgeleitet, aber biografisch begründet werden, dass Kreativität und Spiel im Zusammenhang seiner gesellschaftlichen Verwertung betrachtet werden muss. Wenn durch Spiel kreative Fähigkeiten gefördert werden, was die Spielwarenhersteller nicht müde werden zu behaupten, dann muss schon auch nach dem Sinn, dem Nutzen der Wirkung gefragt werden.
Mein pädagogisches Interesse wird noch nicht hervorgerufen, wenn im Spiel ganz allgemein schöpferisches Denken und Handeln gefördert wird. Damit verbleibt Kreativität bei formalen „Tugenden", die in ein und demselben Moment nutzbringend sein können zur Verbesserung der Produktivität, des Absatzes, der Gestaltung oder auch der Kriegsführung.

Kreativität definiert sich u. a. durch ihr Anwendungsfeld: z. B. Warenherstellung, Absatzförderung, künstlerische Gestaltung. So lässt sich produktionstechnische, werbliche, kulturelle und schließlich soziale Kreativität unterscheiden.

Was bedeutet soziale Kreativität konkret?

Das inhaltliche Anwendungsfeld sozialer Kreativität sind die zwischenmenschlichen (politischen, gesellschaftlichen, sozial-psychischen) Probleme. Einige Beispiele:
- Neue Ideen für die Klärung von Konflikten zwischen Menschen, Gruppen und zwischen Mensch und Materie (Mensch – Natur; Mensch – Technik) entwickeln.
- Sich differenzierte neue Bilder von anderen Menschen machen können.
- Sein Leben aufgrund eigener Vorstellungen planen, seine Wünsche vielsprachig darstellen und durchsetzen können.
- Eine fantasievolle Gestaltung von sozialen Beziehungen.
- Unkonventionelle Einfälle zur Lösung politischer Probleme.

Soziale Kreativität heißt zu versuchen, der eigene Gestalter seiner Existenz und seiner Beziehungen zu werden.
Aber das Adjektiv „sozial" soll hier zugleich etwas über den Prozess dieses schöpferischen Denkens und Handelns aussagen: Er findet in Gruppen statt, geht über die individuelle Ideenfindung hinaus. Soziale Kreativität bezieht sich also in zweierlei Hinsicht auf Zwischenmenschliches: im Gegenstand und im Prozess.
Nachfolgend möchte ich zeigen, wie soziale Kreativität im Spiel vorkommt und wie sie durch Spiele gefördert werden kann.

Spielen ist Lernen

Spiel ist erstens eine experimentelle Zugangsweise zur Wirklichkeit, zweitens eine sehr motivierende pädagogische Methode und drittens eine ständig zwischen Ernst und Spaß kippende Interaktionsweise aller Altersgruppen.
Aber diese individuellen und gesellschaftlichen Möglichkeiten des Spiels müssen oftmals erst wieder entdeckt und – vor allem – akzeptiert werden. Traditionell wird Spiel stets dem Kindesalter zugeordnet, bekommt damit das Image einer nicht ganz ernst zu nehmenden, letztlich für die wertsetzende

Erwachsenenwelt unbedeutenden Beschäftigung. Seit dem Ende der 70er-Jahre werden aber auch in der Bundesrepublik immer mehr natürliche, direkte („alternative") Kommunikationsformen immer beliebter. Das kommt einer Aufwertung des Spiels entgegen.

In diese Richtung zielt deshalb auch das Fortbildungskonzept des Fachgebiets Spielpädagogik, das von der Akademie Remscheid zusammen mit vielen anderen Personen, Gruppen und Einrichtungen entwickelt wurde.

Ein Ziel dieses Konzeptes ist es, spielerisches Denken und Handeln zu einem ge- und beachteten kulturellen Verhalten für alle Altersgruppen zu entwickeln.

Es wäre leicht, hier ein kulturkritisches und -pessimistisches Essay über die Vermarktung der Begriffe Fantasie und Kreativität im Spiel zu schreiben. Damit ließe sich sehr plastisch vor Augen führen, wo Kreativität zum bloßen Aushängeschild für Spiele verkommt und zu einem Fall für die Kritik an der modernen Warenästhetik wird.[2]

Nein, man müsste schon nachweisen und nicht nur behaupten, dass durch Spiel ein schöpferisches Denk- und Handelspotenzial vergrößert, erleichtert oder qualifiziert wird.

Der positive Nachweis fällt schwerer, weil aus methodologischen Gründen jegliche empirische Spielforschung vor dem Dilemma steht, dass Spiel nur ein Einflussfaktor bei langfristigen Wirkungen und nicht gut isolierbar ist. Wir sind damit überwiegend auf Vermutungen, Hypothesen und die Sammlung von Fallbeispielen angewiesen.

Darum möchte ich zunächst die spielpädagogischen Erfahrungen mit einer bestimmten Spielform exemplarisch vorstellen – das ABC-Rollenspiel. Dieses heißt nicht so, weil im Spiel die Rollen von „ABC-Schützen" eingenommen werden, sondern weil Dreiergruppen spielen, in denen die Spielteilnehmer mit A, B und C bezeichnet werden. Das ABC-Rollenspiel eignet sich gerade für Jugendliche und deren Konflikt- und Interessenlage besonders gut.

Das ABC-Rollenspiel

Das Spiel beginnt. Jeder bekommt einen kleinen Zettel, auf dem entweder ein großes A, B oder C draufgemalt ist. Dann erhalten die Teilnehmer vom Spielleiter die Aufforderung schnell Dreiergruppen zu bilden, in denen immer ein A, ein B und ein C vertreten ist. Durcheinanderlaufen, Buchstaben Ausrufen, schnelles Stühlezusammenrücken (um dem Zufall etwas unter die Arme zu greifen) – fünf Dreiergruppen sind gebildet und suchen sich ein Plätzchen möglichst weit voneinander entfernt, damit man sich nicht stört, denn gleich soll eine Geschichte simultan in allen Gruppen gespielt werden.

Die Geschichte besteht aus drei Dialogen, für die der Spielleiter die Ausgangslage und die zu spielenden Rollen beschreibt. Die Ergebnisse in den Dialogen sind nicht vorhersehbar, der Schluss ist offen, auch die einzelnen Rollen sind nur ganz grob vorgegeben. Außerdem wechseln die Spieler ihre Rollen von Dialog zu Dialog.

Bei jedem der drei Dialoge gibt es in jeder Gruppe einen Beobachter, der spezielle Aufgaben erhalten kann, z. B. den Handlungsverlauf grob in Stichworten festzuhalten. Auch diese Beobachterfunktion wechselt, so dass jeder im Verlauf der Dialoge die Geschichte aus verschiedenen Rollen und einmal auch als distanzierter Beobachter wahrnimmt. Aber hören wir jetzt den Spielleiter, wie er das Spiel eröffnet:

„Die Geschichte, die wir jetzt in drei Teilen spielen, handelt von Jürgen, 17 Jahre alt, und Moni, 15 Jahre alt. Sie sind fest befreundet, ‚gehen' also miteinander, und das schon ziemlich ‚lange', nämlich drei Monate. Beide wohnen noch bei ihren Eltern; Jürgen in Remscheid, Moni in einem kleinen Ort, über 20 Kilometer entfernt.

Am kommenden Wochenende besuchen Jürgens Eltern Tante Anneliese in Bad Neuenahr, eine Erbtante, da muss man sich öfter mal sehen lassen. Jürgen fährt da eigentlich nur Weihnachten mit. Jürgens Familie wohnt in einem schönen Bergischen Einfamilienhaus. Und für das Wochenende kommt Jürgen auf die Idee, im Haus eine Fete zu feiern, wo man dann doch keinen stört … Nun geht der letzte Bus, mit dem Moni nach Hause fahren könnte, aber schon um 19 Uhr 45 und da hat so eine Fete ja noch nicht einmal begonnen. Und so sind die beiden auf die Idee gekommen, dass Moni doch von Samstag auf Sonntag im Haus von Jürgens Eltern übernachten könnte, schließlich haben sie ein kleines Gästezimmer im Keller. Beide Kinder sind leidlich gut erzogen und versuchen das Einverständnis ihrer Eltern für dieses Vorhaben zu bekommen.

Das ist die Ausgangssituation.

Unsere Geschichte beginnt am Montagabend. Monikas Mutter ist zur Kur, nur der Vater ist zu Hause. Er sitzt vor dem Fernseher, es ist 20 Uhr 13, die Wetterkarte der Tagesschau kommt gerade. Moni kommt hinzu und möchte das Einverständnis ihres Vaters, nach der Fete am kommenden Wochenende in Jürgens Haus zu übernachten.

Was für ein Typ Vater das ist und was Moni für ein Mädchentyp ist, das könnt ihr jetzt alles selbst mit ins Spiel bringen. Die Spieler mit dem A-Zettel in jeder Gruppe sind Monika, die B-Spieler Monis Vater, C ist Beobachter und bekommt Papier und Stift und notiert in Stichworten ganz grob den Handlungsablauf."

Der Spielleiter zeigt auf seine Tabelle an der Wand:

1. Spiel:
A ist Moni (15)
B ist Monis Vater
C ist Beobachter

2. Spiel:
A ist Jürgens Mutter
B ist Beobachter
C ist Jürgen (17)

3. Spiel:
A ist Beobachter
B ist Jürgens Mutter
C ist Monis Vater

„Alles klar? Dann stehen mal alle Monikas auf und gehen zwei Schritte von ihrer Gruppe weg. Vater schaut Fernsehen. Und wenn jetzt Moni zum Vater geht, geht's los." Die A-Spieler sind aufgestanden, in zwei Gruppen rücken sich die Väter einen zweiten Stuhl so zurecht, dass sie in einem bequemen Fernsehsessel sitzen. Es geht in allen fünf Spielgruppen gleichzeitig los. Ein intensives Gebrabbel erfüllt den Raum, mal wird es in einer Gruppe lauter: „Wenn du mir so kommst, dann bleibst du eben ganz zu Hause!", dann geht die Moni einer Gruppe zum Fenster, füllt ein imaginäres Bier in ein ebenso unsichtbares Glas und bringt es dem Vater, um ihn sich wohlgesonnen zu machen.

Nach vielleicht acht Spielminuten unterbricht der Spielleiter die Gespräche, indem er laut eine Türklingel nachahmt und erklärt: „In diesem Moment klingelt es an der Wohnungstür. Onkel Otto steht draußen und will Vater zum ‚Wilden Eber' mitnehmen, weil da heute Preis-Skat ist und man eine halbe Sau gewinnen kann. Vater macht sich sofort auf die Socken, wo er doch so ein guter Skatspieler ist … Damit ist das Gespräch erstmal beendet. Kommen wir zum zweiten Dialog. Alle B-Spieler sind jetzt die Beobachter und bekommen Stift und Papier. Inzwischen ist Dienstagabend – im Haus von Jürgens Eltern. Moni hat Jürgen nicht über das Gesprächsergebnis von gestern informieren können. Jürgen versucht das Einverständnis seiner Mutter zu Monis Übernachtung zu bekommen. Alle A-Spieler sind jetzt Jürgens

Mutter und die C-Spieler sind Jürgen. Sein Vater ist übrigens Gebietsrepräsentant für Damenschuhe und übernachtet in der Woche außerhalb. Mutter wäscht das Abendbrot-Geschirr ab. Jürgen kommt dazu …"

In allen Gruppen bietet Jürgen seine Hilfe beim Abtrocknen an, in einigen Gruppen vergessen die Mütter wegen der lebhaften Diskussion mit ihren Söhnen die Abwaschbewegungen. Schließlich wird auch dieser Spielteil vom Spielleiter durch das Klingeln an der Haustür gemeinsam abgebrochen („Die Nachbarin will eine Tasse Mehl borgen. Und dabei kommt man so ins Schwätzen …").

Im letzten Dialog sind die A-Spieler die Beobachter. Den B- und C-Spielern erklärt der Spielleiter, dass sie nun die Eltern spielen, die sich von irgendwoher flüchtig kennen. „Es ist Freitagabend. Zufällig treffen sich Monis Vater und Jürgens Mutter in einem Remscheider Bau- und Hobby-Markt, kommen natürlich auf das Vorhaben ihrer Kinder zu sprechen und versuchen es nun endgültig zu klären. Ihr müsst euch übrigens nicht an die vorhin in den Dialogen gespielten Meinungen halten."

Dieser Dialog wird auch simultan abgebrochen (durch die „Lautsprecherdurchsage" im Baumarkt, dass es jetzt 18 Uhr 30 sei). Jetzt kann zunächst eine Auswertung in den Spielgruppen erfolgen oder man geht gleich ins Plenum, weil alle gespannt darauf sind, wie es in den anderen Gruppen ausgegangen ist.

Die Ergebnisse der Geschichte
- Monika darf mit schweren Bedenken und nach eindringlichen Ermahnungen bei Jürgen übernachten, weil Jürgens Mutter nachdrücklich versichert hat, dass auf ihren Sohn schließlich Verlass sei.
- Die Entscheidung ist nicht gefällt worden, man will nochmal mit den Ehepartnern sprechen, es ist absehbar, dass Monika wohl nicht übernachten darf.
- Monika darf zur Fete, aber um 24 Uhr holt ihr Vater sie ab.

Andere fantasievolle Lösungen waren z. B.: Monika soll sich um 23 Uhr ein Taxi nehmen, die Kosten teilen sich beide Elternhäuser. Oder: Monika darf übernachten, aber im Nebenzimmer schläft noch ein eilig herbeizitierter Onkel als Aufpasser.

Im Auswertungsgespräch, nachdem die Beobachter kurz den Verlauf in den Gruppen berichtet haben, können dann folgende Aspekte angesprochen werden:
- Wie sind die „Kinder" taktisch mit ihren „Eltern" umgegangen?
- Welche anderen Durchsetzungsmöglichkeiten sind noch denkbar?

- Wie haben sich die Kursteilnehmer früher als Kinder selbst verhalten?
- Welche Art von Eltern wurde gespielt?
- Welche Erziehungsstile kamen vor, mit welchen Ergebnissen?
- Woher haben die Spieler das gespielte Rollenverhalten?
- Wurden selbst erlebte oder Wunsch- oder Hass-Elternrollen gespielt?
- Wenn man selbst Kinder hat oder hätte, wie würde man sich in der Realität verhalten?
- Wie wurde das Thema „Sexualität zwischen jungen Menschen" in den Dialogen angesprochen?
- Wie weit stimmen die gespielten Meinungen mit den persönlichen Wertvorstellungen überein?

In diesem Spiel werden also erstaunlich viele soziale Fragen angeschnitten. Aber eine bloße Thematisierung dieser Fragen ist ja noch keine Förderung sozialer Kreativität.

Die kreative Wirkung

Dass den Spielern beim Spiel irgendetwas einfallen muss, reicht häufig zur Charakterisierung als kreativer Prozess aus. Wir wollen hier mehr ins Detail gehen: Was passiert bei den Spielteilnehmern tatsächlich?

Zunächst einmal müssen die Spieler eine Rolle ausfüllen, die mit nur wenigen Determinanten umrissen wird: Alter und Geschlecht, eine soziale Beziehung – viel mehr gibt der Spielleiter bei der Charakterisierung der Handelnden nicht vor. Die für das Verhalten entscheidenden psychischen Konditionen, Normen, Werte und Meinungen werden von den Spielteilnehmern eingebracht; in jener schöpferisch entworfenen Mischung aus Wunsch, eigener Erfahrung und strategischer Kalkulation, die so typisch für die Entwicklung einer fiktiven Spiel-Welt ist.

Denn das ist ja geradezu typisch für Spiel: Hier wird eine „Als ob"-Welt entworfen, die aus vier Komponenten gebildet wird. Das individuelle Weltbild der Spieler, ihre Alltagserfahrungen, ihre Fantasien und schließlich die sich untereinander hochschaukelnden wilden Einfälle schaffen eine künstliche Welt, die aber keineswegs so abgehoben von unserer Realität sein muss, wie in zahlreichen mystisch-abenteuerlich-grausigen „Fantasy-Spielen", wenn die Spielvorgaben Situationen aus der aktuellen Wirklichkeit repräsentieren.

Der kreative Prozess beim ABC-Rollenspiel besteht also zunächst einmal aus der Schaffung eines erfundenen Spiel-Alltags. Zwei Widersprüche setzen den kreativen Prozess bei dieser Spielform fort: Da ist – je nach Teilnehmer/ Rollenkombination – das gegensätzliche Geschlecht: ein Junge spielt Monika, ein Mädchen spielt Monikas Vater. Das provoziert Irritationen, die beim einen ganz produktiv ein spannendes Hineindenken in die Rolle des anderen Geschlechts, seinen Chancen und Diskriminierungen, bewirken können und beim anderen eine Spiel-Überforderung bedeutet, die unter Umständen Klischee und Verunsicherung zurücklässt.

Der zweite Widerspruch wird im Spiel selbst gebildet: Das Spiel ist so konstruiert, dass die A- und C-Spieler den Fall aus den verschiedenen Positionen der Konfliktgegner wahrnehmen müssen. Es gibt nur sehr wenige Methoden, die diesen sehr heilsamen Schritt ermöglichen, dass man ein Problem mal aus der Sicht des Konfliktgegners erfährt, durchlebt und durchzustehen versuchen muss. Das Einnehmen gegensätzlicher Rollen lässt widersprüchliches Denken und Verhalten bei den Spielenden entstehen. Diese Widersprüche überwältigen die Spieler nicht, weil sie sich jederzeit von ihnen distanzieren können („Ist ja nur Spiel!") und liefern deshalb fruchtbare Denkanstöße. Aber damit ist die soziale Kreativität beim ABC-Rollenspiel bei weitem noch nicht beendet. Wenn im Auswertungsgespräch die verschiedenen Möglichkeiten der Konfliktlösung, die in den Spielgruppen erspielt wurden, diskutiert werden, fängt jeder Teilnehmer an, die Geschichte mit seiner eigenen Geschichte (oder Gegenwart) zu vergleichen. Er sucht Bestätigung, Anregung, Mut und Erklärung für die eigene Situation. Sofern man als Eltern oder Jugendlicher betroffen ist, lässt einen das Thema, mit dem man in dieser Form höchst motivierend in Berührung kommt, nicht los. Da wird noch lange weiterdiskutiert. Hier entsteht dann der konkrete Kontakt zwischen dem ausgedachten Fall und der Subjektivität der Spieler.

Der Vergleich zwischen dem eigenen Spiel, dem Spiel anderer Gruppen und dem eigenen Leben bringt die Teilnehmer auf neue Gedanken zu sich selbst. Wir lernen, dass die Wirklichkeit gestaltbar ist, wir sind nicht Opfer, wir bekommen durch die Spielerfahrungen neuen Mut.

In so einem Fall ist das Spiel von Jugendlichen und Erwachsenen nicht nur Zeitvertreib, Unterhaltung, Bestätigung und Jux. Spiel wird damit wieder das, was es für die Kinder immer war, eine der lustvollsten Möglichkeiten von zwei Dingen, nämlich dem Vergnügen und dem Lernen gleichermaßen.

Kreatives Spiel und Jugendarbeit

Kinder erproben ihren Umgang mit Dingen, mit anderen Menschen und mit sich selbst im Spiel. Sie üben Verhalten ein, sie probieren neue Möglichkeiten aus, sie lernen spielerisch die Umwelt zu entdecken und dann zu beherrschen. Kinder sind risikofreudig und neugierig – beides Voraussetzungen für kreatives Denken und Handeln.

Diese Experimentierbereitschaft versickert zunehmend, je öfter die Kinder erfahren müssen, dass die Anpassung mehr belohnt wird als das Experiment. Vieles kommt hinzu: das Vorbild der konsumorientierten Eltern, die konventionellen Bilder in den Medien, das durchgeplante Ausbildungssystem, welches kein entdeckendes Lernen fördert.

Alles in allem genommen: Neugierige Wirklichkeitserfahrung verkommt zu bequemem Medienkonsum und das Lernen wird negativ besetzt durch konkurrierende Leistungsmessung und uninteressante Inhalte.

Warum eignen sich nun die Spiele zur Förderung sozialer Kreativität besonders für die Arbeit mit Jugendlichen, die doch Spielen gegenüber eher skeptisch eingestellt sind?

Allenthalben wird derzeit die Angepasstheit und Resignation, der Medien- und Mode-Konsum und insbesondere die Politikverdrossenheit der Jugendlichen beklagt. Bekannt ist – zumindest unter Praktikern aus der Jugendarbeit – was Jugendliche (wenigstens kurzfristig) aus Lethargie und Marktkonformität reißt: Tätigkeiten, Themen und Ziele, die eine persönliche Betroffenheit mit sich bringen, die ein moralisches Engagement ermöglichen, die selbstverantwortet bewältigt werden können, die einen ereignisreichen, lebendigen Aktionismus zulassen und Spaß, Verulkung und Witz bringen.

Spiel ist gerade für diese Lebensaltersstufe unaufdringlich hilfreich, die von Identitätssuche und Rollenunsicherheit geprägt ist. Denn Spiel lässt immer den Rückzug zu – ich hab' das doch nicht ernst gemeint, ist ja nur Spiel.

Dieses Pendeln zwischen Witz und Ernst gibt dem Jugendlichen einen Schonraum, in dem er selbst bestimmen kann, wie viel er wirksam „an sich herankommen" lässt, wie weit er sich mit einem relativierenden Grinsen distanzieren muss und wie viel er „einfach mal so" ausprobieren kann. Spiel ermöglicht so gut wie kein anderes pädagogisches Medium dieses vorsichtige und zugleich mutige kreative Verhalten: jederzeit zum Rückzug bereit, aber vorangetrieben durch die Eigendynamik des Spaßes.

Ob nun aber das Spiel, um bei dem ABC-Rollenspiel zu bleiben, tatsächlich den Mut der Jugendlichen vergrößert, ihre eigenen Interessen z. B. gegenüber Eltern durchzusetzen, oder ob es eben doch nur ein Spiel mit Versatzstücken aus dem Alltag der Jugendlichen bleibt, hängt von weiteren Faktoren ab. Erst wenn solche Spiele in längerfristige Projekte eingebaut und mit anderen Methoden und Medien kombiniert werden, ist eine pädagogische Wirkung überhaupt erst zu spüren. Spiel kann dabei wegen seiner lockeren, aktivierenden Formen ein Thema aufschließen.

Aber die sozialisierende Funktion des Spiels kommt weniger durch das bewusste Behandeln eines bestimmten Spielthemas zustande, als vor allem durch die unbewusste Wirkung der Sozialform des Spiels: Ob der Spielprozess vereinzelt, konkurrierend oder kooperativ angelegt ist, kann das Spielthema unterstützen oder konterkarieren. Soziale Kreativität als Gruppenprodukt ist nur schwerlich bei einem auf Leistungswettkampf angelegten Spiel denkbar. Kooperatives Verhalten wird dagegen bei einem kooperativen Spielprozess geübt und positiv verstärkt.

Ein bedeutendes Wirkungselement ist außerdem das situative Umfeld, in dem das Spiel gespielt wird. Die Stimmung, die Gruppenzusammensetzung, die Räumlichkeiten, die Laune des Spielleiters, die aktuellen Beziehungen der Jugendlichen untereinander – es gibt so viele Einflussfaktoren, dass jeder linear denkende Pädagoge verzweifeln muss. Diese Unberechenbarkeit! (Was eine Wirkungsforschung im Feld Spiel auch fast unmöglich macht.)

Spiel wirkt immer dann auf den Alltag der Spieler direkt zurück, wenn es sich um eine glückliche Kombination aus witziger Fiktion und alltäglichem Problem handelt. Ohne die fiktive Geschichte bliebe das Rollenspiel grauer Alltag. Ohne das realistische Problem bliebe das Rollenspiel eine blühende Fantasie.

Das klingt soweit alles ganz schön und mag manches Pädagogenherz zum Hüpfen bringen, aber aus der Enge resignierender Jugendarbeit befreit uns das nur, wenn diese Methode „ABC-Rollenspiel" kein Einzelbeispiel bleibt.

In der Akademie wurden vor mehr als 20 Jahren die „Remscheider Diskussionsspiele" erfunden, bei denen bereits das Prinzip verwirklicht wurde, im Spiel allgemein-gesellschaftliche Probleme subjektiv nachvollziehbar zu machen. In der Zwischenzeit sind etliche Varianten und neue Regeln hinzugekommen – gesammelt in einer Datenbank, von der ein Ausdruck als Taschenbuch weite Verbreitung fand.[3] Aus der großen Sammlung sollen nur ein paar zur Illustration beschrieben werden, daher drucken wir auf den nächsten Seiten einige Spielverfahren ab, bei denen stets andere Fassetten des vielseitigen kreativen Prozesses deutlich gemacht werden können.

Blick zurück aus der Zukunft

Größeres Spielprogramm, um Lebensperspektiven zu bearbeiten

MATERIAL: viel Bau- und Malmaterial, ggf. Video, Verkleidungen, Ton, Musikinstrumente, Tücher

Beginn mit einer kurzen Entspannung und anschließenden Fantasiereise, bei der die Spieler gebeten werden, Jahr um Jahr ab heute weiterzuwandern. Bilder, Fragen und Geschehnisse sollen wahrgenommen werden. Dann sollen die Gefühle und Bilder, die im Zieljahr aufgetaucht sind, in eine Materialgestaltung (mit Malen, Modellieren, Bauen …) umgesetzt werden. Danach sollen Stichwörter notiert werden, wie sich die zukünftigen Jahre entwickel werden. Es folgt ein Gespräch in kleinen Gruppen über die Gestaltungen. Die Gestaltung, Stichwörter und das Auswertungsgespräch werden zu einem Text (ein bis zwei Seiten) zusammengefasst, der den Charakter eines Rückblicks vom Zieljahr aus trägt. Diese Texte bieten dann eine Grundlage für eine kreative Gestaltung eines Rückblicks (mit verschiedensten kulturellen Mitteln) z. B. als Talkshow, Wandfries, Videofilm, Museum, Kabarett …

ANMERKUNG: Ggf. beim Stichwörternotieren Reizwörter, die für Ereignisse stehen, die leicht aus dem Blickfeld geraten, eingeben.

Fragen an Dr. Sommer

MATERIAL: ca. fünf Leseranfragen (z. B. zu sexuellen Problemen, Beziehungsschwierigkeiten) an Dr. Sommer in „Bravo"

Jede Dreiergruppe bekommt vier bis sechs vorbereitete Leserbriefe. Jede Gruppe sucht nun aus diesen Briefen einen aus, den sie ihrer Partnergruppe „schickt". Bei mehr als zwei Dreiergruppen wählt A einen Brief für B, B einen für C, C einen für D, D einen für E usw. und die letzte Gruppe wieder wählt einen Brief aus, den sie dann der Gruppe A schickt! Jede Gruppe soll nun ein beratendes, einfühlsames Antwortschreiben verfassen und es zurückschicken. Schließlich wird über die getroffene Briefauswahl gesprochen, die Antworten verlesen und darüber diskutiert.

Familie einmal anders

MATERIAL: evtl. Kostümierungsmöglichkeiten

Jede Kleingruppe hat die Aufgabe eine Spielszene vorzubereiten. Es soll eine alltägliche Familiensituation gespielt werden (morgens am Frühstückstisch; auf der Fahrt in den Urlaub; abends beim Werbefernsehgucken …). In der Szene soll jede Gruppe eine „Kuriosität" einbauen: z. B. die Kinder wecken die Eltern, treiben sie zur Arbeit an – die Kinder „lieben" sich und weisen die Eltern aus dem Schlafzimmer – die Kinder entscheiden, ohne die Eltern zu fragen, über den Umzug in eine bessere Wohnung … Diese Szenen werden vorgespielt und über die dabei veränderten Normen, Rollen usw. gesprochen.

ANMERKUNG: Die Gruppen sollten Szenisches Spiel gewohnt sein.

Lottogewinn

In jeder Kleingruppe werden Familienrollen verteilt: Vater, Mutter usw. Unsere Familie hat im Lotto gewonnen. Jeder hat seinen Wunsch, den er versucht durchzusetzen. Es ist nur so viel Geld da, dass nicht alle Wünsche erfüllt werden können. Wer setzt sich durch? Wie? Man kann das „Wunschvolumen" als Geldsumme oder Anzahl der zu erfüllenden Wünsche begrenzen.

ANMERKUNG: Beobachter einsetzen! Bei mehreren Kleingruppen können zum Schluss die Gruppenergebnisse und das Verhalten gleicher Rollen (alle „Väter" usw.) verglichen werden. Es können zu Beginn Rollenbeschreibungen verteilt oder vereinbart werden.

Sehnsucht

MATERIAL: viele alte Illustrierte, Versandhauskataloge u. Ä.

Jede Gruppe hat einige Illustrierte zur Verfügung. Jeder sucht sich ein bis drei persönliche Sehnsüchte aus dem Anzeigenteil (oder auch aus dem redaktionellen Teil) heraus und klebt sie zu einer Collage auf, die dann vorgestellt und besprochen wird.

VARIANTE: Einige Sehnsüchte und ihre Verwirklichung oder die Schwierig-keiten bei der Verwirklichung in Szenen spielen.

Skepsis bleibt

Es gehört einiges an Fantasie dazu, sich im Einzelnen vorzustellen, wie viel soziale Kreativität bei diesen Spielen freigesetzt wird. Beeindruckend ist immer wieder der Vergleich zwischen verschiedenen Spielgruppen mit ein und demselben Spiel: Erwachsenengruppen spielen diese hier aufgeführten Spiele in den meisten Fällen angepasster, fantasieloser als die erfrischend und direkt agierenden Jugendgruppen.

Skepsis bleibt dennoch angebracht, wie viel sie davon umsetzen, welche Langzeitwirkungen zustandekommen. Auch die fachlich-ketzerische Frage bleibt hier unbeantwortet, ob nicht andere kulturelle Medien genauso oder vielleicht sogar wirkungsvoller sind.

Die Frage nach der dauerhaften Wirkung eines Spiels – selbst wenn es in einem passenden curricularen Zusammenhang, möglichst sogar im Rahmen eines lebensnahen Projekts, veranstaltet wird – diese Frage muss ohne sichere Antwort bleiben. Die „Als ob"-Realität der Spielwelt stellt zwar mit der Distanz zur sozialen Wirklichkeit einen großen Freiraum zum Fantasieren zur Verfügung, erschwert durch diese Entfernung natürlich zugleich die direkte Übertragung von Erfahrungen auf die soziale Wirklichkeit. Ich stelle mir vor, dass der Transfer von Erfahrungen durch die Gleichheit der Inhalte in gespielter und realer Welt erleichtert wird.

Im Spiel verhandeln die Jugendlichen ihre aktuellen Fragen. In der Wirklich-keit müssen sie mit den neu gefundenen Antworten zurechtkommen.

Die kreative Leistung ist mit dem Spiel nicht zu Ende. Wenn die Erlebnisse im Spiel zu Erfahrungen für die Bewältigung ihrer Realität werden, dann wan-delt sich die spielerische Kreativität im Alltag in soziale Kreativität. Schon 1977 hat Hermann Glaser geschrieben: „Immer wieder und immer wieder neu müssen die Spielräume des Ästhetischen in den politischen Raum ein-gesprengt werden – das Politische davor bewahrend, eindimensional zu werden, dem Ästhetischen bewusst machend, dass es (angesichts der Tota-lität von Welt) unter dem Vorzeichen des „Als ob" steht."[4]

Die vier Bilder am Beginn dieses Beitrags begründeten diese Akzentsetzung als biografisch gewachsenen Stand der Überlegungen. Doch wie geht es weiter? Was ist in zehn Jahren? Stellen wir uns ein fünftes Bild vor:

Im Sommer 2011 geht ein 62-jähriger Mann am Atlantikufer einer kleinen, einsamen schottischen Insel entlang. Hier macht er öfter Ferien und jedes

Mal überfällt ihn bei diesen langen Spaziergängen in die Dämmerung hinein eine melancholisch stimmende Frage: Warum macht er das alles? Hat es einen Sinn, über die Sicherung seiner Existenz hinaus? Wem hat es genützt? Was hat es genützt? Und jedes Mal fällt ihm keine exakte Antwort ein oder auch nur eine dieser Endlich-ein-für-allemal-Antworten. Da wird seine Aufmerksamkeit gefesselt von einem kleinen, schwarzen, runden Etwas draußen in der See. Ist das ein junger Seehund? Oder vielleicht doch zu klein für einen Seehund? Er ist von seiner Frage abgekommen. Bis zum nächsten Sommer.

Anmerkungen

1) *Frank's Party. Erzählungen. Hrsg. Christopher Street. Knaur Taschenbuch. München 1988*
2) *Hans Magnus Enzensberger: Einzelheiten I. Bewusstseins-Industrie. Suhrkamp-Verlag Frankfurt/M. 1964*
Klassische Kritik von Medien, Werbung und anderen Sozialisationsfaktoren. Seine Erkenntnisse sollten mal auf Gesellschaftsspiele und die Werbung dafür angewendet werden.

3) *Verschiedene Spielesammlungen sind als Publikationen in der Reihe „RAT – Remscheider Arbeitshilfen und Texte" erschienen. Weitere Spiele zur Förderung sozialer Kreativität erscheinen kontinuierlich in der Zeitschrift „gruppe & spiel", Seelze-Velber.*
4) *Hermann Glaser: „Das Schöngeistige und das Politische", in: Materialien zur Politischen Bildung. Luchterhand Verlag Neuwied, Heft 1/1977*

KREATIVITÄTSTECHNIKEN FÜR GRUPPEN

Als einzelnes kreatives Genie hat man so seine Angewohnheiten: Bis auf den letzten Moment alles hinausschieben, dann Nächte durcharbeiten, bei einem toten Punkt die beste Freundin anrufen und schließlich mit schlechtem Gewissen das Erarbeitete zur Hauptpost fahren, denn beim Briefkasten um die Ecke gibt es schon lange keine Spätleerung mehr.

In Gruppen sehen kreative Prozesse anders aus

Der Vierer-Schritt „Problemdefinition – Lösungen finden – Entscheidung treffen – Verwirklichung" wird in allen Phasen durch das Zusammentreffen mehrerer Menschen mit unterschiedlichen Fähigkeiten, Ängsten, Gewohnheiten und Interessen unglaublich kompliziert. Darum sind kreative Prozesse auf künstlerischem Gebiet so oft Einzeltätigkeiten: die Bildhauerin, der Theaterregisseur, der Fotograf. Bezeichnenderweise hat man noch keinen Fotoapparat erfunden, wo mehrere Leute gleichzeitig durch den Sucher schauen können und sich dann darüber auseinander setzen müssen, ob das Haus oben auf dem Berg nicht doch auch noch mit aufs Bild sollte oder besser nicht. Aber ganz so stimmt das ja nicht, zahlreiche Produkte kreativer Arbeit sind auch das Ergebnis von Teamarbeit – ein Film, ein neues Automodell, ein neues Gesetz.
Aber bei kreativer Arbeit im Team gibt es einige Probleme zu umschiffen, die bei einem individuellen schöpferischen Prozess nicht auftauchen oder häufig nicht beachtet werden.
Ich nenne nur einmal drei Beispiele:
• Die Motivation sich gerade jetzt mit diesem Thema, dieser Aufgabe, diesem Problem zu befassen, ist oftmals recht unterschiedlich bei den einzelnen Gruppenmitgliedern ausgeprägt.
• Nicht ausgesprochene Gründe bei der Bewertung von Vorschlägen: z. B. weil jemand fürchtet, dass seine Macht oder Anerkennung leidet, wenn sich eine bestimmte Lösung durchsetzt, was er aber so offiziell nicht anführen kann. Oder es stimmt jemand für einen Vorschlag, nur weil er der Ideengeberin gefallen möchte, um dann später … Oder, oder, oder …
• Der Gruppenprozess ergibt zwar oft viele originelle Ideen, aber häufig nähert man sich dann in einer lauen Mitte an; die Farbigkeit und Bandbreite der Vorschläge werden im kreativen Prozess oft kompromissartig auf den kleinsten gemeinsamen Nenner reduziert. Das ist für die Umsetzung

politischer Ideen zwar meist sinnvoll, für die Gestaltung eines künstlerischen Produkts dagegen eher abträglich.

Kreativmethoden müssen diese und andere sozialpsychologische Bedingungen in Gruppen berücksichtigen und auf raffinierte Weise nutzen.

Demokratische Problempräsentation

Um möglichst gleichberechtigt, ähnlich hoch motiviert und gleichmäßig gut vorbereitet an einem Gruppentreffen teilnehmen zu können, müssen alle Teammitglieder entsprechend ihrer individuellen Voraussetzungen optimal vorbereitet werden.

Wie stellt sich das an einem konkreten Fall dar? Wenn ich beispielsweise ein Bürgertreffen organisiere zu dem Problem, wie die Unfallhäufigkeit auf der Durchfahrtsstraße reduziert werden kann, dann entscheiden bereits zwei Aktivitäten in der Vorbereitung, ob es zu einem nützlichen kreativen Prozess bei dem Treffen kommen wird oder nicht: Wer wird eingeladen? Und wie bereite ich das Problem für die Teilnehmer auf? Wenn ich z. B. die Vertreter der Geschäftsleute, die auf der Straße ihren Laden haben, nicht einlade, dann entstehen vielleicht wunderschöne Ideen zur Umwandlung der Hauptstraße in eine Spielstraße, die aber später am Widerstand der Geschäftsleute scheitern und sich nicht mal in einem Kompromiss annähernd umsetzen lassen.

Formal hat man natürlich das Bürgerbeteiligungsverfahren durchgezogen, doch von Partizipation – einem der wichtigsten Elemente der demokratischen Gesellschaftsordnung – haben die Leute bald die Nase voll. Gerade bei einem solchen scheinbar nur lokal bedeutsamen Problem kann leicht durch eine falsche Zusammensetzung der Gruppe die allseits beklagte Politikverdrossenheit entstehen.

Bleiben wir noch einen Moment bei unserem Beispiel: Wie ich die Gruppenmitglieder über das Problem informiere strukturiert ebenfalls vor, wie der kreative Prozess ablaufen wird. Eine Beschreibung der Unfälle und der Folgekosten ist eine Möglichkeit der Sicht auf das Problem. Ein Videofilm, aus der Augenhöhe eines Kindes gedreht, der dessen Weg zum Sportverein entlang der Hauptstraße zeigt, ist eine weitere Information. Und wenn ich sage, dass die Stadt für Umbaumaßnahmen in diesem Haushaltsjahr nur noch 100.000 Euro zur Verfügung hat und nicht noch zusätzlich die finanzielle Beteiligungsmöglichkeit der Geschäftsleute, die möglichen Zuschüsse vom Land und Ideen für Spendensammelaktionen erwähne, schränke ich die Kreativität von vornherein ein.

Rahmenentscheidung ermöglicht effektives Brainstorming

Ein Fall aus dem kreativen Arbeitsalltag von Mitarbeiterteams: Ein Team von Mitarbeitern einer Jugendeinrichtung hat sich zu einer wieder einmal grundsätzlichen Konzeptdebatte in ein einsames Bildungshaus zurückgezogen. So weit so gut. Es stehen sich jedoch zwei kaum zu vereinbarende Arbeitsperspektiven für die nächsten Jahre gegenüber: Einige möchten verstärkt offene Arbeit mit Beratungsangeboten für benachteiligte Jugendliche anbieten, während andere eher für Projektarbeit mit festen Gruppen für Mädchen, für türkische Jugendliche und die Pfadfinder sind. Zusätzlich haben zwei Mitarbeiter auch noch den Vorschlag gemacht, aus dem Jugendhaus ein preiswertes Kulturzentrum mit Diskoabenden zu machen.

Bei einem normalen Brainstorming zu den Angeboten, die man im kommenden Jahr plant, kommen immer ganz gemischte Ideen zu allen drei Konzeptionen, weil man sich um die Grundsatzentscheidung herumgemogelt hat, die den Rahmen für ein Programmplanungsbrainstorming abgesteckt hätte. Wenn dann über die einzelnen Ideen abgestimmt wird, stellt man fest, dass mehrere Vorschläge annähernd die gleiche Punktzahl bekommen haben, aber nicht gemeinsam zu verwirklichen sind.

Wenn die personellen, räumlichen und finanziellen Kapazitäten für die parallele Verwirklichung aller drei Konzepte ausreichen würden, dann wäre ein arbeitsteiliges Brainstorming die richtige Vorgehensweise: Man zieht sich in drei Kleingruppen zurück. Jede Teilgruppe (die auch im extremen Fall aus nur einer Person bestehen kann) macht ihr eigenes Brainstorming zum konkreten Programm und man kommt anschließend zusammen, stellt sich die Vorschläge vor und bespricht zwei Punkte: Wo und wie können wir gemeinsame Ressourcen nutzen und wo können Konflikte auftauchen?

Auf eine solche Art und Weise lassen sich auch konzeptionell gegensätzliche oder unterschiedliche künstlerische Projekte in einem gemeinsamen kreativen Prozess entwickeln und realisieren – oder Veranstaltungen planen oder Baumaßnahmen entscheiden …

Aber wie geht man methodisch vor, wenn die Ressourcen eben nicht für alle Konzeptionen reichen, was in der Realität ziemlich häufig der Fall sein dürfte. Eine Verwässerung der Konzepte durch die Zusammenführung gegensätzlicher Konzepte wäre für alle Beteiligten unbefriedigend: Man kann nicht ein bisschen Beratung, ein bisschen offene Arbeit, zwei kleine feste Gruppen und eine große Kulturveranstaltung jedes halbe Jahr machen. Damit bliebe man ein profilloser Gemischtwarenladen, mit dem sich keiner so richtig identifizieren könnte – und hätte damit keine gute Ausgangslage für eine wirkungsvolle kontinuierliche Jugendarbeit erreicht.

Die Plus-Minus-Sammlung

Also steht eine Konzeptentscheidung an. Für diese Situation bietet sich eine Variante des Plus-Minus-Brainstormings an. Hierbei werden die drei Konzepte nochmal möglichst präzise beschrieben. Dann wird für jedes Konzept ein Plakat mit je einer Plus- und einer Minusspalte vorbereitet. Alle können dann auf allen Plakaten die Vorzüge und Nachteile der Konzeptionen eintragen. Nun liegen die (vermuteten) Wirkungen auf dem Tisch. Es kann an dieser Stelle helfen, wenn zu den Vor- und Nachteilen noch die Betroffenengruppe notiert wird. Zum Beispiel steht auf dem Plakat „Kulturzentrum" in der Plus-Spalte der Satz: „Bringt gutes Image im Stadtteil ein." Dann könnte man dies mit einem Ö für Öffentlichkeit versehen. Bei anderen Sätzen stehen dann ein oder mehrere andere Abkürzungen: M für Mitarbeiter, L für ZentrumsleiterIn, AJ für ausländische Jugendliche, S für Stadtverwaltung usw. Dadurch sieht man in der Gruppe sofort, welches Konzept für welche Beteiligten oder Betroffenen Vor- und Nachteile bringt. Das macht die Diskussion und Entscheidungsmotive offener, rationaler und leichter nachvollziehbar – alles in allem also demokratischer.

Die Problemlandschaft

Eine Gruppe produziert nicht nur mehr Lösungen (z. B. Themenvorschläge) als ein einzelner kreativer Mensch, sondern kann auch eine vielgestaltigere und damit gründlichere Sicht auf ein Problem ermöglichen. Und je gründlicher man ein Problem mit all seinen Ursachen und Folgen im Blick hat, umso effektiver läuft der kreative Lösungsprozess ab. Die Gruppe kann sich vor allem mithilfe bestimmter Visualisierungstechniken einen guten Überblick über das zu lösende Problemfeld verschaffen. Jedenfalls viel besser, als wenn nur ein Betroffener oder der Gruppenleiter den Problemfall aus seiner Sicht schildert. Wieder ein Fallbeispiel:
In einem sehr modernen, jungen Lehrerkollegium ist mal so zwischen Kaffee und Durchsehen der Post von vielen beklagt worden, dass die Dienstbesprechungen nicht immer zufrieden stellend ablaufen. Den meisten dauern sie zu lange. Deshalb hat man sich entschlossen, statt alles auf den nicht immer geschickt moderierenden Schulleiter zu schieben, eine Problemlandschaft aufzumalen. „Die Dienstbesprechungen dauern zu lange!" steht in einer Wolke in der Mitte. Und dann wurden die verschiedenen Gründe in Form von Mind-Map-Zweigen (s. a. S. 146 f.) darangemalt. Durch farbige Unterstreichungen oder farbige Verbindungslinien wurden nun ähnlich gela-

gerte oder zusammengehörende Ursachen optisch verbunden. Zum Schluss wurden die Lösungsideen auf Karten mit der entsprechenden, zu den Ursachen passenden, Farbe notiert. Auf diese Weise waren eine Fülle von Ideen zusammengekommen, die gemeinsam diskutiert werden konnten und die zu einem kreativen Umgang mit einem konkreten Problem geführt hatten. Statt ein solches eher malerisches Mind-Map anzufertigen, wären auch zwei tabellarische Brainstormings möglich: Ursachen – Ideen zum Abstellen der Ursachen.

Die Gruppe macht das schon

Auf eine Gefahr, die typisch für die Gruppensituation im kreativen Prozess ist, möchte ich besonders hinweisen: Wenn es an die Umsetzung der so fantastisch kreativ erarbeiteten Lösungen, Ideen und Programme geht, macht sich manchmal ein gruppenpsychologisches Phänomen breit, das die schönsten Ideen und Problemlösungen wieder im Sande verlaufen lässt – die Abgabe jeglicher Verantwortung an die anonyme Gruppe. „Wir machen das schon." – „Das wird sich dann schon ergeben." – „Das müssten wir dann mal angehen." – „Für die Aufgabe findet sich dann schon jemand." Findet sich meistens nicht. Darum auf keinen Fall vergessen, bei einem Brainstorming zu bestimmten Vorhaben, Maßnahmen oder Programmpunkten immer die Verantwortlichen und einen Termin oder Zeitraum für die Erledigung hinzuschreiben. Und erst dann die Fenster schließen, Licht ausmachen, den Raum verlassen und ganz stolz auf das tolle Arbeitsergebnis sein.

Durchsetzungstraining

Na gut, werden Sie sagen, für eine möglichst vielfältige Sicht auf die Problemlage und zum Sammeln vieler schöner Ideen ist ein kreativer Gruppenprozess sehr hilfreich, aber wenn dann die fein erarbeitete Idee vom Leiter in einem Gremium vorgestellt werden muss, um erhebliche Zuschüsse zu erhalten, da ist er dann doch auf sich allein gestellt und nur die Kreativität des einsamen Kriegers gefragt. Keineswegs. Es gibt nämlich Kreativitätstechniken, mit denen ihm die Gruppe im Vorhinein helfen kann.
Eine richtig gute Argumentationsschulung ist die Methode „Diskussion mit Gruppenschutz". Nun werden Sie sagen, wenn man den Fördermittelantrag für das Internet-Mädchenprojekt im Jugendwohlfahrtsausschuss begründen soll, was hilft denn da ein Diskussionstraining? Viel, wenn die Kreativität der

Gruppe genutzt wird, um Argumente dafür zu sammeln, um Tipps für die richtige rhetorische Taktik zu bekommen und vor allem, um sich vorbereitend die Argumente von Kritikern und Konkurrenten vorstellen zu können.

Für diese Kreativitätstechnik stellt man zwei Stühle gegenüber – einen für den Projektmittel-Antragsteller und einen für die Rolle des Antraggegners, der überzeugt werden muss. Diese Rolle wird von einem cleveren Gruppenmitglied gespielt. Alle übrigen Gruppenmitglieder setzen sich je zur Hälfte in einen engen Halbkreis hinter die beiden Stühle. Sie haben die Aufgabe ihren jeweiligen Protagonisten taktisch zu beraten und mit weiteren Argumenten zu versorgen. Und dann geht es los mit einem ersten zwei bis dreiminütigen Gespräch, in dem die beiden Standpunkte (Kurzbegründung des Antrags und erste Reaktion des Ausschussvertreters) dargelegt werden. Dann drehen sich beide Protagonisten um und beraten kurze Zeit zusammen mit der sie schützenden Gruppe das weitere Vorgehen. Danach geht das Gespräch der beiden Kontrahenten weiter. Es kann jederzeit auf Handzeichen von einem von beiden durch ein bis zwei weitere Beratungspausen unterbrochen werden.

Bei diesem Rollenspiel wird sehr viel kreatives Potenzial bei allen Gruppenmitgliedern freigesetzt, da sie sich mit „ihrem Mann" und seiner Durchsetzungsaufgabe identifizieren.

So kann auch die kreative Energie einer Gruppe beim einsamen Umsetzungskampf den guten Ideen in die Wirklichkeit verhelfen.

Einige weiterführende Literaturangaben

Akademie Remscheid (Hrsg.): Konzept Kreativität in der Kulturpädagogik. Remscheid 1989

Baer, Ulrich: 666 Spiele. Seelze 1993

Bugdahl, Volker: Kreatives Problemlösen. Würzburg 1991

Gäde, Ernst-Georg und Listing, Silke: Sitzungen effektiv leiten und kreativ gestalten. Mainz 19982

Hoffmann, Achim: Kreatives Spielen. Leipzig 1990

Luther, Michael und Gründonner, Jutta: Königsweg Kreativität. Paderborn 1998

Rodari, Gianni: Grammatik der Phantasie. Die Kunst Geschichten zu erfinden. Leipzig 19992

Ulmann, Gisela: Kreativität. Weinheim 1968

v. Hentig, Hartmut: Kreativität – Hohe Erwartungen an einen schwachen Begriff. München 1998

Wilkes, Malte W.: Kreativität ist Kribbeln im Kopf. München 1984

7 FRAGEN ZU KREATIVEM DENKEN UND HANDELN

1. Wie schaffe ich eine besonders günstige Ausgangslage für kreatives Handeln?

Ich sammele einen riesigen Materialfundus an: Gestaltungsmaterial, Urlaubsmitbringseln, Kleinspielzeug, Folien/Stoffen, Verkleidungssachen/ Accessoires, Masken, Steinen, Plastikteilchen, etc.

Ich sammele einen riesigen Informationsfundus an:

Büchern, Zeitschriften, Zeitungsartikeln, Katalogen, Software, Internet-recherche-Ergebnissen, CDs, CD-ROMs, Videos, Dias, Postkarten, Plakaten.

2. Wie verschaffe ich mir Anlässe, bei denen ich kreativ sein muss?

Ich nutze alle Gelegenheiten in meinem privaten Alltag, um immer mal wie-

der kreativ tätig zu sein, z. B. Essen zubereiten, Geburtstagsgeschenke verpacken, Raum umgestalten, Getränke mixen, originelles Reiseziel suchen.

Ich nutze alle Gelegenheiten in meinem beruflichen Alltag, um immer mal wieder kreativ tätig zu sein, z. B. Büro neu dekorieren, Tag der offenen Tür gestalten, Betriebsfeiern ausrichten, Wochenmotto für die Arbeit einführen.

3. Was unterstützt mein kreatives Handeln wirkungsvoll?

Ich versuche möglichst oft, meine kreativen Ideen zu verwirklichen und für andere gut sichtbar darzustellen, auch zu veröffentlichen: „Sei kreativ und zeige es!" Beifall und Anerkennung unterstützen stark.

Ich zwinge mich manchmal richtig zu kreativem Handeln: Abgabetermine, vereinbarte Teamsitzungen, Erwartungen von Kollegen oder Bekannten. Kreativ-Rituale einführen, z. B.: Auf jeder Reise Museumsshops besuchen!

4. Was ist dein ganz persönlicher Ratschlag für Leute, die dich fragen, wie sie etwas kreativer werden können?

Interessiere dich. Interessiere dich. Interessiere dich. Interessiere dich für alles mögliche, was dir angetragen wird, was dir in den Sinn kommt und was du im Fernsehen siehst!

Und mein zweiter ganz persönlicher Ratschlag: Sei optimistisch und positiv, es gibt eine Lösung. Und es macht Freude, sich für sie einzusetzen. Vertraue deinem Gefühl, sei offen für Menschen und vor allem – glaube an dich! Das hört sich sehr „New Age-ig" an und dennoch bin ich überzeugt davon, dass es richtig ist. Eine sozial und demokratisch organisierte Gesellschaft braucht Bürger und Bürgerinnen, die selbstbewusst von ihrer Kompetenz überzeugt sind.

Außerdem ist der erste Schritt immer der Beginn eines langen, aufregenden Weges. Und ich weiß, du hast den Mut ihn zu gehen, sonst hättest du mir nicht diese Frage gestellt.

5. Wie erfindet man eine neue kreative Methode?

Man muss es vor allem wollen und sich auch die Zeit nehmen, eine neue Methode für die eigene pädagogische Arbeit zu entwickeln. Das braucht Einsatz, Engagement und eben jene Motivation, die einen vorantreibt, bisherige Routine-Methoden variieren oder verändern zu wollen. Woher kommt diese Motivation? Für den einen ist die professionelle Langeweile, die sich einstellt, wenn man immer dieselbe (gut bewährte) Methode anwendet, der Hauptantrieb für das Erfinden. Für jemand anderen ist das Risiko beim ersten Ausprobieren einer neuen Idee die entscheidende Motivation. Was immer einen treibt, hilfreich sind drei Dinge: Erstens die klare Diagnose, weshalb bewährte Sachen nicht immer ausreichend gut sind. Zweitens eine neue Herausforderung in Gestalt einer besonderen Zielgruppe (Senioren, Behinderte, Hochbegabte, ...). Drittens der Spaß an gestalterischen Möglichkeiten wie z. B. das Erproben eines neues Materials, einer neuen Software oder der Idee eines Freundes.

So, und der Rest ist reines Anwenden oder Nutzen der verschiedenen Denkimpulse und Kreativitätstechniken, wie sie in den 111 Methoden aufgeführt werden.

6. Welche Kreativitätstechnik ist wann am besten geeignet?

Schwierige Frage. Generelle Antworten sind nicht leicht zu geben. Als allgemeine Kriterien für die Auswahl haben sich in meiner Praxis (in *meiner* Praxis!) folgende Gesichtspunkte bewährt:

• Wenn Menschen wenig Zutrauen zu den eigenen Einfällen haben, dann würde ich alle Methoden bevorzugen, die ihren Entscheidungs-, Assoziations- und Denkrahmen eher eng umgrenzen, ihnen innerhalb des Rahmens aber viel Freiheit lassen. Bei einem Fragebogen kommen die Personen mit Auswahlantworten viel besser zurecht als mit völlig freien Antworten.

• Wenn Menschen wenig gewöhnt sind abstrakt, strukturell und logisch exakt zu denken, dann würde ich alle konkreten und ganz praktischen Impulse wie z. B. anschauliche Fallsituationen bevorzugen als Motor des kreativen Denkens.

• Wenn die Gruppe jedoch eher bürokratisches oder wissenschaftliches Denken gewöhnt ist, würde ich gerade intuitive, assoziative und metaphorische Methoden anwenden, weil man damit diese Zielgruppe erfahrungsgemäß am besten herausfordert ohne sie zu überfordern (was trotzdem leicht passieren kann).

• Gestalterische Techniken (Modellieren, Ausprobieren, Aufmalen) sind für Kindergruppen ein sehr effektives Mittel, nicht nur ihre Fantasie, sondern auch ihre anwendungsspezifische Kreativität zu aktivieren.

• Wenn Sie in Mitarbeitergruppen kreative Planungs- oder Auswertungsmethoden anwenden möchten, dann klappt das recht gut, wenn Sie sich vorher klar machen, dass irgendjemand aus reinen Konkurrenzgründen die Methode angreifen wird. Ein dickes Fell hilft in diesem Fall.

7. Was behindert die Kreativität von Gruppen oder Einzelnen?

Die Standard-Antworten („Killerphrasen", „wenig Lob, viel Kritik", „enormer Leistungsstress", „Angst vor dem Versagen") sind alle richtig und dennoch gebe ich eine andere Antwort: Nur ein mangelndes Selbstvertrauen behindert kreatives Denken und Handeln wirklich.

MIND-MAPS ZUM THEMA KREATIVITÄT

Mind-Maps könnte man am besten mit Problemlandschaft übersetzen. Diese grafische Darstellung eines Themas bzw. seiner Unterpunkte und Aspekte ist inzwischen zu einer klassischen Kreativitätstechnik geworden.
Zu vier Fragestellungen haben wir diese Technik auf das Thema dieses Buches selbst angewendet. Wenn Sie die folgenden Mind-Maps betrachten, bedenken Sie bitte: Eine gute Mind-Map ist nie fertig, wird immer wieder ergänzt, neu formuliert und umgruppiert. Jede Mind-Map stellt eine Momentaufnahme eines geistigen Entwicklungs- und Diskussionsprozesses dar. Sie will nicht nicht nur einen Erkenntnisstand veranschaulichen, sondern zugleich zum Weiterdenken, In-Frage-stellen und Neu-Bewerten auffordern. Darum betrachten Sie unsere Mind-Maps hier – auch wenn sie Schwarz auf Weiß gedruckt sind – als unfertig, ergänzungsbedürftig und vor allem als Diskussionsgrundlage für Gruppen und für Sie!
Das Mind-Map zur Frage „Was fördert meine Kreativität?" finden Sie auf S. 143.

Bei der Präsentation von Arbeitsergebnissen

Sich eine neue Form der Protokollierung überlegen. Karteikartennotizen? Fotos von den Flipchart-Bögen? Arbeitsergebnisse als Mind-Map? Ergebnisse in großen Stundenplan?

Ausstellung/Kleines Tischmuseum gestalten

Eine Bildcollage mit nur wenig Text als Bericht gestalten

Am Beginn der Gruppenarbeit

Begrüßungsplakat an die Tür heften

Mit einem kleinen Zitat aus der Zeitung oder einem Spruch die Gruppenarbeit beginnen

Bringen Sie mal ein (Urlaubs-) Souvenir als Symbol mit und verknüpfen Sie es mit dem Thema der Gruppenarbeit

Kreativität in den Arbeitsalltag integrieren

Bei Dienstbesprechungen

Neue Sitzordnungen beginnen

Für jeden mal eine Kleinigkeit (Süßigkeiten, chin. Gebäck) mitbringen

In jeder Dienstbesprechung ein kurzes Problemlösungs-Brainstorming machen: „Was mache ich, wenn …?"

Besprechung mal in einem anderen Raum durchführen

Beim Einkaufen von Lehr- und Lernmitteln

Informieren Sie sich über neue Multimedia-CD-ROMs für Ihre Gruppe

Welche neuen Gestaltungsmittel und -werkzeuge gibt es?

Wo könnte man preiswert Arbeitsmaterialien von Firmen bekommen (Produktionsabfälle)?

Politische Kreativität

Neue Formen der Partizipation von Kindern und Jugendlichen

Volksentscheid, Volksbegehren, Internetumfragen und -wahlen

Neue Präsentationsformen von politischen Ideen, z. B.: in Talkshows, im Internet, mit Auftritten im Reality-TV etc.

In der Wirtschaft

Kreative Produktentwicklung

Kreativität in der Produktwerbung

Kreatives Marketing: Scouts, Product Placement usw.

Kreative Verkaufstechniken

Welche Praxisbereiche der Kreativität gibt es?

Kreative Beratungssituationen

Kreative Medien in der Therapie und Supervision z. B. Ton formen, malen …

Kreativität von Künstlern

Gestaltung von künstlerischen Produkten und Prozessen: z. B. Filme, Gemälde/Skulpturen, Performances, Computerkunst, Theater, Tanz, Musik, Literatur, Neue Medien, Events …

Entwicklung neuer Formen in der Ausstellungs- und Museumsmethodik

Pädagogische Kreativität

Kreative Unterrichtsformen und Methoden

Kreative Methoden für die Qualitätssicherung (Auswertung, Evaluation, Transferüberprüfung)

Kreativität in den Medien

Neue Fernsehformate

Neue Fragen und Themen in den Talkshows

Kreativität im Alltag

Erfinden von neuen Problembewältigungsstrategien

Kreative Formen der Selbstdarstellung z. B. auf der Homepage, mit Mode, in der Wohnungseinrichtung

7 KREATIVIDEEN ZUR SELBSTDARSTELLUNG

Bei diesem Punkt geht es darum, spielerisch ein kreatives Objekt zu produzieren. Aber es soll nicht jeder einzeln vor sich hinbasteln, sondern es soll in der Gruppe hergestellt werden (damit man sich gegenseitig Anregungen geben und die Produkte bewundern kann) und das Projekt hat ein bestimmtes Thema: Die Kinder und Jugendlichen selbst sind das Thema – es geht um die spielerisch-künstlerische Selbstdarstellung! Neben den gestalterischen Entscheidungen über Farben, Formen und Material muss dabei auch überlegt werden, was man von sich eigentlich zeigen möchte.

Selbstdarstellung ist der erste Schritt zu einer eigenen Identität

- Wer sind wir?
- Was wollen wir mal werden?
- Wovon träumen wir?
- Womit müssen wir uns rumplagen? Was hassen wir in der Schule am meisten?
- Was haben wir schon alles erlebt?
- Wohin soll es mal gehen?
- Wer sind unsere Freunde?
- Was meinen wir zu aktuellen Fragen?
- Wer sind unsere Vorbilder oder Stars?
- Wo und wie wohnen wir?
- Was sind unsere drei liebsten Freizeitbeschäftigungen?
- Was ist für uns „in" und was ist „out"?
- Womit zeigen wir uns gern?
- Welche Wünsche habe ich für meine Zukunft?
- Welche Erfahrungen habe ich mit meinem Hobby gemacht?

Der spielerische Zugang zu diesen Selbstporträts erlaubt es zu experimentieren, nicht alles auf die Goldwaage zu legen und den Grad an Offenheit, den man sich erlauben will, auszuloten. Aber man muss berücksichtigen, dass die Darstellungen Momentaufnahmen sind, auch wenn sie gut überlegt gestaltet wurden, die allerdings Ewigkeitswert besitzen.
Ich empfehle LehrerInnen oder MitarbeiterInnen in der außerschulischen Jugendarbeit so vorzugehen:

1. Wählen Sie aus den unten stehenden sieben Vorschlägen drei Methoden aus, die Sie gut vorbereiten können und mit denen Sie sich technisch-handwerklich auskennen (oder die Sie mal erproben wollen) und von denen Sie vermuten, dass sie gut bei Kindern bzw. Jugendlichen ankommen.

2. Lassen Sie dann freiwillige Paare und Dreiergruppen bilden. Sollten Kinder/Jugendliche übrig bleiben, so stellen Sie aus ihnen Paare oder Dreiergruppen zusammen.

3. Schlagen Sie nun die drei Gestaltungsmethoden vor. Jede Gruppe wählt dann eine aus.

4. Als Hinführung zum Thema „Selbstdarstellung – We are what we are!" sind mir drei Alternativen eingefallen:

a) Lesen Sie einige kurze Gedichte vor, die von Jugendlichen stammen (z. B. aus einer Teenie-Zeitschrift);

b) zeigen Sie Bilder aus dem Fotoband von R. Majewski „Lebenskunst" (zu beziehen für ca. 15 DM vom Robin-Hood-Versand, Küppelstein 36, 42857 Remscheid, Tel.: 0 21 91/7 94–2 42);

c) zeigen Sie einige Selbstporträts berühmter Maler als Dia oder in der Reproduktion.

5. Beraten Sie dann die Gruppen sowohl künstlerisch-handwerklich, aber auch inhaltlich: Wenn die Aussagen allzu oberflächlich erscheinen, könnten Sie Denkanstöße mit den Fragen, die ich oben aufgeführt habe, geben.

6. Schließlich ist vor der Arbeit oder spätestens währenddessen zu klären, was mit den Produkten geschieht: Werden sie öffentlich ausgestellt, den Eltern gezeigt, kann man sie kopieren oder ausdrucken, damit sie jeder in der Gruppe mitnehmen kann?

7. Unterstützen Sie auch den wichtigen Einigungsprozess bei den Paaren und Gruppen: Wie viel „Raum" hat jede/r? Werden nur die Gemeinsamkeiten dargestellt oder auch Trennendes? Wird jemand bei der kooperativen Gestaltung „untergebuttert"? Ermutigen Sie die Schüchternen!

1. Die Fächer eines Plastik-Duschvorhangs füllen

Es gibt seit einiger Zeit große, fast durchsichtige Plastik-Duschvorhänge, die auf einer Seite lauter postkartengroße durchsichtige Fächer besitzen, in die man Fotos, gepresste Pflanzen, Eintrittskarten und vieles mehr reinstecken kann. Jede Gruppe befüllt einen solchen Vorhang. Diese Vorhänge sind aber nicht ganz billig, deshalb der Tipp: Mit einem Tiefkühl-Schweißgerät (oder notfalls mit Tesafilm) kann man Prospekthüllen so stabil und professionell zusammenfügen, dass praktisch eine ähnliche Ausstellungsfläche mit vielen Plastikfächern entsteht wie bei der Vorhangidee. Kann man auch als Raumteiler sehr effektvoll aufhängen.

2. Eine Homepage im Internet präsentieren

Das ist eigentlich nichts anderes als ein Plakat über sich oder die Gruppe am Computer zu entwerfen und diese Datei wird dann zu einem Computer bei einem Internet-Provider (Anbieter von Internetservice) gesendet. Wer die Adresse dieses Computers kennt, kann sich dann von überall auf der Welt diese Selbstdarstellung ansehen. Zur Gestaltung der Homepage (die auch aus mehreren Seiten bestehen kann) gibt es viele preiswerte oder kostenlose Programme.

3. Eine Baseball-Mütze oder ein T-Shirt bedrucken

Ein T-Shirt, einen Button oder eine Baseball-Mütze mit einem eigenen Logo, Bild, Foto oder Spruch zu bedrucken ist eine fantastische Selbstdarstellungsmöglichkeit. Für die herkömmliche Art eine Zeichnung auf Kleidungsstücke aufzubringen, nimmt man Textilmalfarbe oder Wäschetinte (dabei ist Airbrushtechnik besonders effektvoll). Oder ein Text bzw. Bild wird am Computer erzeugt und auf Transferfolie mittels Tintenstrahldrucker übertragen. Diese Folie ist überall zu haben, wo es Computerpapier zu kaufen gibt. Dann braucht man nur noch das Ganze sorgfältig heiß aufzubügeln – und jeder läuft mit einem wirklich selbst gestalteten T-Shirt herum. Dasselbe funktioniert neuerdings auch mit selbst gestalteten Tattoos, die sich problemlos wieder entfernen lassen.

4. Ein Comic-Bild von der Gruppe herstellen

Dazu nimmt jeder ein Foto von sich, legt halbdurchsichtiges Transparentpapier darüber und zeichnet die Konturen mit einem Filzstift nach. Dann wird noch in eine Sprechblase ein typischer Ausspruch von sich geschrieben und das Ganze farbig ausgemalt. Alle Karikaturen werden schließlich auf einem Plakat oder auf einer Leiste nebeneinander zusammen gestellt. Fertig.

Man kann auch im Computer seine eigenen Comic-Geschichten produzieren. Dazu gibt es den „Comic Creator", hrsg. von Data Becker. Einige fertige Charaktere in verschiedenen Posen und Hintergrundbilder werden dabei mitgeliefert. Eigenes Bildmaterial kann eingefügt werden. Auf diese Weise können auch ganze Foto-Romane oder Reportagen über die Gruppe erstellt werden.

5. Eine Fotomontage mit einem Selbstporträt machen

Das geht entweder auf herkömmliche Weise oder mit Bildbearbeitung im Computer. Das Foto von einem selbst wird auf ein großes Hintergrundbild geklebt und dazu vorher passend vergrößert und ausgeschnitten. Als Hintergrundbilder können Illustriertenbilder dienen oder man lässt ein eigenes Foto auf so genannte Postergröße vergrößern (zwischen 3,50 und 7,– DM).

Die Fotomontage im Computer gelingt sehr eindrucksvoll mit zwei Bildern und praktisch kostenloser Shareware-Bildbearbeitungssoftware. Bei Digitalkameras wird gute Bildbearbeitungssoftware mitgeliefert. Die Collagentechnik geht damit sehr einfach von der Hand.

6. Ein Tast- und Duftbild über sich herstellen

Ein Papierbild (evtl. Polaroid-Sofortbild) wird auf ein großes farbiges Kartonblatt geklebt. Dann wird mit Stoffresten, Wollfäden, Watte, in einzelne Lagen getrennte Papier-Taschentuchfetzen u. ä. Material eine Collage um das Foto herum geklebt. Mit Lippenstift und Schminke kann man auch

darauf malen oder Bildteile mit seinem Lieblingsparfum beträufeln. Solche Bilder können auch erstmal im Dunkeln (z. B. unter einer Wolldecke) ertastet und erschnüffelt werden. Im Hellen werden dann die Farben und das Foto betrachtet und mit dem Fühleindruck verglichen.

7. Ich wünsche mir ein Schminkbild

Sich gegenseitig das Gesicht schminken. Jeder, der geschminkt wird, darf sich drei Dinge wünschen:

a) zwei Hauptfarben, die vorkommen sollen.

b) ein Muster, das stark vertreten sein soll: z. B. Sterne, Kreise, geschlängelte Linien, Pfeile …

c) eine Grundstimmung des Bildes: dunkel, kontrastreich, heiter-hell, dramatisch, romantisch usw.

Diese Wünsche schränken den Maler zwar ein, geben ihm aber zugleich Basisideen.

MATERIALTIPP: Verwenden Sie Nassschminke, die geht mit Wasser (evtl. etwas Seife) leicht wieder ab. Nehmen Sie nur die Grundfarben (Schwarz, Weiß, Rot, Gelb, Blau), denn daraus lässt sich alles mischen (was die Kids dabei gleich ausprobieren können). Schwämme für Grundierung, dünne Haarpinsel für Feinheiten. Eine qualitativ gute Grundfarben-Schminkdose kostet je ca. 10 DM, z. B. beim Robin-Hood-Versand, Küppelstein 36, 42857 Remscheid, Tel.: 0 21 91/7 94–2 42.

Weitere Selbstdarstellungsideen finden Sie im ersten Teil dieses Buches.

IN KLEINEN SCHRITTEN KREATIVITÄT AUFBAUEN

Erfahrungen aus der Kulturarbeit mit geistig behinderten Menschen

Ein abgedunkelter Raum, Gemurmel im Saal, alle schauen gespannt auf die Leinwand. Doch Dias oder Filme werden heute nicht gezeigt. Die Leinwand hängt mitten im Raum und hinter ihr tut sich Geheimnisvolles: geflüsterte letzte Anweisungen, Füße trippeln über ein hölzernes Podest – plötzlich: Ein Vorhang wird aufgezogen und gleißendes violettes Licht strahlt von hinten gegen die Leinwand. Eine Person tritt auf, ihr Schatten hat dicke rote Ränder auf der einen Seite, blaue Kanten auf der anderen. Musik, dazu ein Tanz, erst allein, dann mit Partner – schließlich zeigen die beiden uns eine furiose Bewegungsimprovisation. Vorhang zu. Dunkelheit. Stille. Das Staunen entlädt sich in begeistertem Applaus. Ein Menschenschattenspiel mit geistig Behinderten und Betreuern, als Akteure und als Zuschauer. Nur ein gelungenes Freizeitvergnügen oder steckt mehr dahinter? Ob man Gruppenbetreuer im Behindertenheim ist oder Sonderschullehrer oder in der Ausbildung für Heilpädagogen steckt – immer werden diese Fragen gestellt: Warum kulturelle Arbeit mit Behinderten – sind nicht lebenspraktische Übungen wichtiger? Welche Möglichkeiten bestehen denn überhaupt für Behinderte, kreatives Verhalten zu lernen?
Welche Prinzipien sollten Gruppenleiter/innen bei der Auswahl kreativitätsfördernder Methoden beachten? Warum ist kreative Gruppenarbeit mit Behinderten überhaupt wichtig und sinnvoll?
Die Förderung der künstlerischen Fähigkeiten einzelner Behinderter könnte ein solcher Grund sein. Wer im Arbeitsleben nicht die üblichen Leistungsnormen erfüllen kann, sollte dann wenigstens seine Bestätigung im Malen oder vielleicht Musikmachen finden dürfen? Diese Begründung greift viel zu kurz. Kulturarbeit mit Behinderten würde dann nur der Kompensation körperlicher oder intellektueller Defizite dienen. Damit verkürzt man kulturelle Bildung zu einer Ausgleichspädagogik, obwohl sie doch Teil einer Allgemeinbildung ist. Eine andere Zielsetzung könnte darin bestehen, Spiel, Musik und Tanz als Freizeitbeschäftigung für Behinderte einzurichten, um ihnen Alternativen zu Sport und Fernsehen anbieten zu können. Aber auch diese Begründung griffe entschieden zu kurz: Die Reduzierung der kulturellen Bil-

dung auf unterhaltsame Freizeitanimation würde doch ihre sozialen und persönlichkeitsbildenden Wirkungen völlig unterschätzen und damit ungenutzt zerrinnen lassen.

Mit kreativer Gruppenarbeit lassen sich drei große pädagogische Zielbereiche fördern:

- Verbesserung der Wahrnehmungs- und Ausdrucksfähigkeit und somit eine Förderung der Kommunikationsmöglichkeiten mit anderen Menschen, Dingen und Problemen.
- Entwicklung der sozialen Fähigkeiten, die für ein gut funktionierendes Zusammenleben mit anderen Menschen notwendig sind (Entscheidungen fällen, Verantwortung übernehmen).
- Verstärkung der sinnlichen Auseinandersetzung mit Themen und Problemen, auf dem Weg über die Beschäftigung mit kreativen Medien.

Das hört sich alles sehr allgemein an, erfährt jedoch seine Konkretisierung in der detaillierten Planung von kreativer Gruppenarbeit mit Behinderten. Welche Methoden eigenen sich für die Arbeit mit Behinderten unserer Erfahrung nach am besten? Welche pädagogischen Leitgedanken helfen uns, wenn wir kreative Aktivitäten in unserer Behindertengruppe anleiten?

Sind alle Methoden für Behinderte geeignet?

Als Erstes überlegen wir, welche Spiele, Übungen und Experimente in der kreativen Arbeit mit Behinderten die Ziele besonders wirkungsvoll erreichen. Bei der Auswahl von Methoden stellen wir verblüfft fest, dass man fast alle Methoden der kulturellen Bildung anwenden kann – jedoch unter einer Voraussetzung: Die individuellen Bedingungen, die jeder mit in die Gruppe bringt, müssen vom Pädagogen sehr präzise wahrgenommen und berücksichtigt werden. Die Spiele, Malaktionen, Tänze und musikalischen Aktivitäten müssen den Voraussetzungen und Fähigkeiten der Gruppe entgegenkommen. Eine Binsenweisheit; gültig für Seniorengruppen, Vorschulkinder oder ausländische Jugendliche. Gruppenspezifische Variationen der bewährten Methoden der kulturellen Bildung. Gerade geistig Behinderten kann oftmals mehr zugetraut werden als zunächst vermutet. Also: Die vorhandenen Spielkarteien, Tanzbücher und anderen Materialien zur kreativen Gruppenarbeit durchforsten und sich Variationen für die eigene Gruppe einfallen lassen und erproben.

Das Prinzip der tausend kleinen Schritte

Neben der Entwicklung von Varianten, die die spezifischen Voraussetzungen der Gruppenmitglieder berücksichtigen, ist die Vorgehensweise entscheidend: Die scheinbar komplexesten Übungen und kreativen Techniken können gelernt werden, wenn sie in winzige kleine Schritte aufgelöst werden und durch Vormachen oder selbst Ausprobieren statt durch verbale Anweisungen vermittelt werden. Ein Beispiel soll das erläutern:

Ein Behinderter legt sich bäuchlings auf ein großes Trampolin, die ganze Gruppe steht am Rand und drückt sanft im gleichen Rhythmus auf das Spanntuch, so dass der Liegende vorsichtig auf- und abschwingt. Allein das Gewöhnen an den gleichen, sensiblen Rhythmus ist für etliche behinderte Teilnehmer eine großartige Übung in Kooperation.

Der nächste Schritt: Jetzt setzt sich der Behinderte und ein Betreuer (oder ein zweiter Behinderter) Rücken an Rücken mit untergehakten Armen auf das Spanntuch des Trampolins. Wieder werden sie durch das gleichmäßige Herunterdrücken des Tuchs von der ganzen Gruppe vorsichtig bewegt. Beide werden an den Schultern gehalten, wenn sie drohen, das Gleichgewicht zu verlieren. Die außen Stehenden passen auf und spüren die Verantwortung, die sie für die beiden Spieler tragen.

Noch ein Schritt weiter: Nun hocken sich beide einander zugewandt auf das Trampolin und geben sich ihre ausgestreckten Hände. Ganz vorsichtig versuchen sie nun, sich selbst zu bewegen. Alle Übrigen am Rand passen auf, dass sie nicht umkippen.

Die letzte Stufe: Die meisten trauen sich nun auch, zu zweit aufzustehen und gemeinsam auf- und abzuspringen. Wer dies nun immer noch steigern möchte, kann mal probieren, mit seinem Betreuer abwechselnd auf- und abzuspringen. Und wer mag, der kann (unter Hilfestellung der anderen) auch allein springen.

Diese stufenweise Erarbeitung erzeugt dreierlei: Sicherheit auf einem Spiel- und Sportgerät, Erprobung von Risiko und Sprungerlebnis und die gegenseitige Verantwortung in der Gruppe.

Diese Erfahrung auf dem Trampolin wird dann in einer kleinen Spielaktion vertieft: Mit geschlossenen Augen muss jeder einem über Hindernisse hinweg oder unter Hindernissen hindurchführenden Seil folgen. Das Seil wird auch über das Trampolin geführt. Alle, die sich „blind" am Seil entlangtasten, spüren plötzlich, dass der Boden (das Spanntuch vom Trampolin) nachgibt und federt. Alle erinnern sich an ihre Erfolge auf dem Trampolin, brauchen keine Angst zu entwickeln und nicht mehr die Augen zu öffnen, sondern vertrauen ihrem Tastsinn und meistern diese Spielaktion.

Einen eigenen Geschmack entwickeln

Ein weiteres pädagogisches Ziel bei der kreativen Arbeit mit Behinderten: Selbstständige Entscheidungen fördern – sowohl beim Gestalten von Theaterszenen, bei Tanzimprovisationen als auch bei der künstlerischen Bearbeitung von Materialien! Es dauert gewiss länger, den Behinderten zunächst die drei oder vier Alternativen z. B. beim Basteln von Masken, beim Töpfern oder bei den Maltechniken vorzuführen und den Entscheidungsprozess mit jedem Einzelnen durchzugehen. Aber das ständige Gewöhnen an die Entscheidungen verbessert die Fähigkeit, nicht immer nur alles nachzumachen, sondern Nutzen und Wirkungen einzuschätzen, Werte und Normen einzukalkulieren und sogar einen eigenen Geschmack herauszubilden. Diese entscheidungsintensive Art, kreative Tätigkeiten zu bewältigen, stellt für viele Behinderte eine ziemliche Anstrengung dar und erfordert ihre volle Konzentration. Auch an diesem Beispiel wird deutlich, dass kulturelle Bildung sich nicht in den Freizeitbereich abschieben lassen darf.

Zusammenarbeit ist besser als die beste Einzelleistung

Gerade für Behinderte ist das Prinzip der kooperativen Kreativität ein grundlegendes Kriterium für die Auswahl von Spielen, Übungen und Methoden: Schöpferisch tätig sein, das wird oft als Einzelleistung verstanden, die in Konkurrenz zu anderen Einzelleistungen steht. Gerade mit Behinderten sollten kooperative Spiele und Gruppenaktivitäten durchgeführt werden. Dabei kann gerade der häufig sehr stark mit sich beschäftigte Behinderte die Verantwortung für die anderen üben, mit denen er eine kooperative Spielaktion macht, ein gemeinsames Wandbild erstellt oder eine Theaterszene zusammen vorführt.

Rollentausch mit dem Betreuer

Als sehr wirkungsvoll hat sich herausgestellt, wenn Behinderte in der kreativen Gruppenarbeit ab und an die Rolle des Betreuers übernehmen und z. B. beim „Blind führen" auch mal den Betreuer, der die Augen geschlossen hält, über den Parcours führen. Auch beim gegenseitigen Schminken kann man als Malfläche das Gesicht des Betreuers nutzen. Natürlich geht das nicht ohne vorsichtige Vorübungen und in gut überlegt und fein abgestuften Schritten. Aber das Erlebnis von Vertrauen, das damit der Betreuer dem

Behinderten entgegenbringt, fördert die Fähigkeit zur Übernahme von Verantwortung. Das Spiel stellt sich hierbei als besonders günstige Methode dar, weil negative Folgen auch im Spiel ja nur vorgestellt werden, also fiktiv (und damit ungefährlich) sind.

Quatsch machen können

Nicht zuletzt ist uns wichtig, dass gerade die kulturelle Bildung wie kein anderer pädagogischer Bereich mit Lust, Spaß, Sinnlichkeit, Körperkontakt, Witz und Quatschmachen einher geht. Die Bedeutung von Spaß und Albernheit für die persönliche Entwicklung von geistig Behinderten ist enorm: Sie lernen dabei, Dinge zu ironisieren, auf mehreren Ebenen zu handhaben, Ernst und Unernst zu unterscheiden. Spaß und Blödelei erleben und zulassen zu können, bedeutet, die Welt nicht nur eindimensional und unveränderbar zu sehen.

Zusammenfassung der Erfahrungen

• Die kulturelle Bildung von Behinderten als Teil ihrer Allgemeinbildung und nicht als bloße Freizeitgestaltung einordnen;
• keine Extra-Methoden für Behinderte entwickeln, sondern Varianten gängiger Spiele und Übungen erproben, die die speziellen Voraussetzungen der Gruppe berücksichtigen;
• komplexe Übungen in zig kleine Schritte auflösen und möglichst wenig verbal vermitteln;
• statt Nachmachen den Behinderten oft die Auswahl aus Alternativen überlassen – das fördert Entscheidungsfähigkeit und eigene Geschmacksbildung;
• kooperative Methoden bevorzugen, da mit ihnen die Übernahme sozialer Verantwortung gelernt werden kann. Das gilt auch für die zeitweise Übernahme der Rolle des Betreuers im Spiel;
• zu Spaß und Blödelei ermuntern, weil dies ein lebendiges, aktives Umgehen mit der Umwelt fördert.

KREATIVE KULTURVERMITTLUNG

Traditionelle Kultureinrichtungen müssen neue Konzepte für ihre kulturelle Jugendarbeit entwickeln

Das Museum und der Konzertsaal, Oper und Theater präsentieren die kreativen Produkte von Künstlern weltweit. Trotz kulturpädagogischer Aktionen (Ausstellungsführungen; museums- und theaterpädagogische Aktivitäten) gibt es einen erheblichen Schwund unter jugendlichen Besuchern. Präsentation und Aufführung kreativer Produkte sind für die breite Masse der Jugendlichen nicht unterhaltsam genug. Die Organisationen müssen dazulernen. Eine jugendgemäße Konzeption können sie sich erarbeiten, wenn sie sich kreative Methoden für ihr Marketing und ihre Kulturvermittlung erarbeiten. Dazu möchte ich hier einige Möglichkeiten aufzeigen – exemplarisch für lernende öffentliche Einrichtungen.

Gegenüberstellung von konventionellen und jugendgemäßen Formen

Wenn es nicht nur darum geht, ein paar mehr Jugendliche durch raffinierte, jugendgemäße Werbung in die etablierten Kultureinrichtungen zu lotsen, sondern eine nachhaltige Beziehung zwischen Jugendlichen und Kultur zu entwickeln, dann steht eine grundsätzlich andere kulturdidaktische Konzeption für zahlreiche etablierte Kultureinrichtungen und -veranstalter an. Diese konzeptionelle Veränderung der Einrichtung hat Folgen für das Marketing, für die Organisation der Einrichtung, setzt eine Veränderung der Einstellung aller Mitarbeiter voraus, hat bauliche Änderungen zur Folge und benötigt eine Umverteilung des Etats.

Die Zugangsweisen der großen Masse der Jugendlichen heutzutage zur Kultur (und insbesondere zur E-Kultur) sind so fundamental anders als die Zugangsweisen von interessierten Erwachsenen oder traditionsorientierten Jugendlichen aus dem Bildungsbürgertum, dass nur ein genereller Wandel die Kultureinrichtungen von einem Institut für die Bildungselite zu einem demokratischen Institut für die Entwicklung kultureller Interessen und Kompetenz bei möglichst vielen Jugendlichen verändern kann.

Zur Verdeutlichung werden hier beide Konzepte in ihrer extremen Ausprägung in einer Tabelle gegenübergestellt. Zu einzelnen Merkmalen führe ich dann im folgenden Abschnitt Erläuterungen und vor allem einige Beispiele aus den Vereinigten Staaten auf.

Traditionelle Formen des Kulturangebots und der Kulturvermittlung		Jugendgemäße Formen des Kulturangebots und der Kulturvermittlung
Didaktische Prinzipien bei einer Orientierung an der „bildungstheoretischen Didaktik" – Blankertz; Klafki: • Bildung • Präsentation • Fachorientierung	**Konzeption**	Didaktische Prinzipien bei einer Orientierung an „sozialwiss. Didaktik" – Heimann, Otto, Schulz; Mollenhauer: • Unterhaltung • Interaktivität • Kundenorientierung
Bildungsgut vermitteln; • künstlerische Produkte verstehbar machen; • Kunst in werkgetreuer Form präsentieren	**Ziele**	• Zukünftige Generationen an die Kulturinstitute binden; • Ziele der kulturellen Jugendbildung (Kompetenz, Sensibilisierung, Interesse an aktiver künstlerischer Eigentätigkeit wecken, bei selbstbestimmter Lebensplanung unterstützen)
Inhaltlich wird das Kulturangebot strukturiert nach Fachgebieten	**Kulturinhalte**	Inhaltlich wird das Kulturangebot strukturiert nach Themen, die die jugendlichen Zielgruppen interessieren; verstärkt kritische/satirische Inhalte
Konventionelle Orte und Zeiten Überwiegend Angebote mit einem einheitlichen Zugangsniveau	**Organisation**	Ungewöhnliche Orte und Zeiten; Eventmäßige Organisationsform Mehrstufige Zugangsweisen (Niederschwelliges, animatives Angebot kombiniert mit Vertiefungsmöglichkeiten)
Kulturpäd. Arbeit in Kursgruppen und terminierten Workshops, oft in Extra-Räumen	**Organisationsform kulturpäd. Aktivitäten**	Kulturpäd. Arbeit in Projekten, als offenes Angebot oder als Event organisieren (Wahlfreiheit in der Auswahl von Inhalten, Zugangsarten und Dauer); räumliche Kombination von kulturellem Angebot und kulturpäd. Aktivität

Begleitinformationen (Programmheft, Ausstellungskatalog u. Ä.) als Printmedien	**Methoden**	Aneignungsformen, die folgende Merkmale aufweisen: • interaktiv • partizipativ (beteiligend) • unterhaltsam • spielerisch • mehr-sinnig/multimedial (Spiele, Multimedia-CD-ROM, Rollen-Identifikation, Quiz/Test); Integration von kulturellen und pädagogischen Angeboten
Selten humorvolle, ironische, kritische Darbietungsweisen	**Stil**	Öfter humorvolle, ironische, kritische Darbietungsweisen
Vergleichsweise geringes Angebot; Vorbehalte gegen Kommerzialisierung	**Begleitender Service**	Zusatzangebote (z. B. Merchandising, Museumsshops, Back-stage-Angebote)

Neues Marketing für veränderte Programme

Um die Kulturinhalte an jugendgemäßen Themen zu orientieren, ist ein verändertes Marketing notwendig. Bei der „kundenorientierten" Planung kann die Methode „3-Seiten-Brainstorming" helfen:

3-Seiten-Brainstorming zum Entscheiden über zielgruppen-orientierte Themen und Inhalte von Kulturveranstaltungen
Das Planungsteam listet (nachdem der Veranstaltungsrahmen und die Grobziele entschieden sind) in Form eines Brainstormings viele Themen auf. Nachdem 10–25 Themen gesammelt wurden, findet die Bewertung und Auswahl statt. Dazu werden hinter die Themenliste drei Spalten gezeichnet. Die erste Spalte erhält die Überschrift „Ich", die zweite „Träger" und die dritte Spalte „Zielgruppe". Dann erfolgt dreimal eine Punktebewertung.
Als ersten Schritt verteilt jedes Planungsmitglied 5 Punkte auf die Themenliste nach dem Kriterium, was ihm persönlich am meisten Spaß macht. Diese Punkte werden in die erste Spalte eingetragen.
Dann verteilt jedes Planungsmitglied 5 Punkte auf die Themenliste unter dem Gesichtspunkt, was ist für unsere Institution am wichtigsten. Diese Punkte werden in die zweite Spalte eingetragen.

Schließlich verteilt jedes Planungsmitglied 5 Punkte auf die Themenliste unter dem Gesichtspunkt, was wird wohl bei der Zielgruppe (z. B. Jugendliche) besonders gut ankommen. Diese Punkte werden in die dritte Spalte eingetragen.

Dann wird das Thema gewählt, das unter allen drei Gesichtspunkten am meisten Punkte zusammengezählt erhalten hat. Oder man wählt bewusst das Thema, das vor allem Jugendliche attraktiv finden.

Diese Planungsmethode beruht zwar nur auf der Einschätzung des Planungsteams, führt aber dazu, dass man sich bei der Planung stärker unterschiedlicher Interessenlagen bewusst wird und die Entscheidung offener (und damit einverständiger) zustande kommt.

Entwicklung niederschwelliger Angebote – ein Beispiel aus San Francisco

Zur Organisation eines mehrschrittigen Kulturangebots beschreibe ich kurz, wie das „ZEUM" in San Francisco seinen jugendlichen Besuchern den Zugang zu seinen anspruchsvollen und zeitaufwändigen Kunst-, Theater- und Mediengestaltungskursen und -projekten niederschwellig organisiert:

Das ZEUM ist eine Jugendkultureinrichtung für alle Gestaltungskünste und Medien im Zentrum von San Francisco, direkt neben Sonys Metreon, dem attraktiven Urban Entertainment Center. Ein für Kinder und Jugendliche (Zielgruppe 8- bis 18-Jährige) sehr günstiger Standort. Für Besucher, die einfach mal unverbindlich hineinschauen, gibt es ein wechselndes Spielangebot (Kunstaktion mit Indoor-Golf; Ausstellung mit Kletterwand u. Ä.).

Als offenes Angebot wird stündlich für Besucher die Herstellung eines Digital-Videofilms angeboten. In einen halbfertigen Videofilm werden die Kinder und Jugendlichen eingeblendet, sie ergänzen Ton und Grafik und am Ende der Veranstaltung sehen sie sich „ihren" 5-Minuten-Film an. Dieses offene Angebot stellt eine Werbung für längerfristige Kurse und Ferienprojekte dar und soll die Möglichkeiten des Hauses auf animierende Weise vorstellen.

Drei weitere Dienstleistungen ergänzen die Programme: wechselnde Ausstellungen und Präsentationen von Projektergebnissen in einem 360°-Kino sowie Multimedia-Arbeitsräume, wo die Kids Schulprojekte oder private Gestaltungswerke bearbeiten können. Ein Theatersaal mit außergewöhnlichen Vorstellungen (z. B. ein Unterwasser-Puppenspiel, siehe Methodenteil dieses Buches) vervollständigt das bei Jugendlichen sehr beliebte Kulturzentrum.

Einzelheiten findet man auf der gut gestalteten Website: www.zeum.org

Einige Hinweise zur Anwendung jugendgemäßer Methoden

Spielerisches Lernen kommt deshalb bei Jugendlichen sehr gut an, weil spielerisches Handeln sehr unterhaltsam ist, weil es aus Aktivität und Erlebnis besteht, Überraschungen und bewältigbare Leistungsanforderungen beinhaltet und in den meisten Fällen Wirklichkeit gefahrlos simuliert. Alle Spielformen sind dazu geeignet, kulturelle Inhalte zu transportieren: Brettspiele, Spielaktionen, Computerspiele, Rallyes und Forscherspiele. Spiele neu zu entwickeln und Spielaktionen durchzuführen ist jedoch eine zeit- und kostenaufwändige Sache.

Ein ausgezeichnetes Beispiel für ein Brettspiel, mit dem Schulklassen, bevor sie ein Museum besuchen, sich mit Gegenstand und Zeitgeschichte, die das Museum thematisiert, beschäftigen können, ist das Brettspiel „Scherenschmied", hrsg. vom Rheinischen Industriemuseum, Abt. Solingen.

Für die Planung von Spielaktionen und für die Entwicklung spielerischer Diskussionsformen empfehle ich ein Buch von mir, das wie das vorliegende im Kallmeyer-Verlag erschienen ist: 66 Spiele zur Bearbeitung von Themen. Kostengünstig und einfach zu installieren ist die Unterstützung von Ausstellungen, Musikveranstaltungen u. Ä. durch Multimedia-CD-ROMs. Dazu muss nur ein Computerplatz zur Verfügung gestellt werden. Besonders attraktiv macht man dieses jugendgemäße zusätzliche Informationsangebot, wenn das Monitorbild durch einen Beamer groß für viele Zuschauer projiziert wird. Multimedia-Edutainment-Programme gibt es inzwischen zu allen kulturellen Fachgebieten, insbesondere zu vielen bildenden Künstlern. Hervorzuheben sind spielerische Einführungen in Kunst und Kunstgeschichte. Einige besonders geeignete Titel führe ich hier auf:

- *Kuck mal, Kunst! Systhema Verlag. ISBN 3-634-23016-9*
- *Das große Musik-Lexikon Klassik. Data-Becker. ISBN 3-8158-6825-4*
- *Lexikon des internationalen Films. Rowohlt. ISBN 3-634-23178-5*
- *Werner Stein: Der große Kulturfahrplan. United Softmedia.*
  ISBN 3-550-08909-0

Über spielerische Methoden für die kulturelle Jugendbildung berichtet regelmäßig die Fachzeitschrift „gruppe & spiel", sie erscheint sechsmal im Jahr, jede Ausgabe enthält ein „Spiel zum Sofortspielen". Kallmeyer-Verlag, Seelze.

Ein Handbuch zu kulturpädagogischen Methoden in der Jugendarbeit ist folgende Literatur:
- *U. Baer, M. Fuchs u. a.: Kinder- und Jugendkulturarbeit in NRW, Expertise 5: Methoden und Arbeitsformen. LKD-Verlag, Unna*

Konsequenzen aus einer kreativ veränderten Konzeption

Wenn sich eine Kultureinrichtung entschließt, ihr Angebot mehr als bisher für Jugendliche zu öffnen und auf diese Zielgruppe hin zu entwickeln, dann muss sich diese Einrichtung auf einige Veränderungen und Probleme vorbereiten.

1. Diese Neukonzipierung der Arbeit und der Dienstleistungen stellt einen Widerspruch zur häufig noch gewohnten Trennung von E- und U-Kultur dar. Solches ruft in Gremien, in der Öffentlichkeit und zum Teil auch bei Mitarbeitern Erstaunen, Skepsis und Orientierungsschwierigkeiten hervor – verändert es doch das Image der Einrichtung nachhaltig.

2. Stil, Inhalte und das gesamte Erscheinungsbild von Kulturangeboten, die auf Jugendliche ausgerichtet sind, kann bei anderen Zielgruppen Widerspruch hervorrufen. Angebote für Jugendliche und für ältere Menschen sind manchmal nicht vereinbar. Wenn sich „Stadtväter" einen repräsentativen Kulturbetrieb wünschen, erhalten sie ihn mit Jugendkulturarbeit eher nicht.

3. Jugendkulturelle Aktionen berühren sehr schnell die Interessen anderer Abteilungen in bestimmten Kultureinrichtungen (Sammlungen, Präsentation wertvoller Gegenstände, Forschungsaufgaben). Diese Probleme müssen bereits bei der Planung berücksichtigt und bearbeitet werden.

4. Kulturpädagogische (Zusatz-)Angebote für Jugendliche sind betreuungsintensiv (Personalkosten) und können teure Installationen (evtl. wartungsintensiv) erfordern. Ohne zusätzliche Mittel ist eine Öffnung der Kultureinrichtung hin zur Zielgruppe Jugendliche nur mit einer Umverteilung von Geldmitteln zu machen.

5. Kulturpädagogische Fortbildung für MitarbeiterInnen in Kultureinrichtungen kann die notwendige pädagogische Kreativität schaffen und z. T. Einstellungsveränderungen ermöglichen.

3. TEIL SPIELE

WORUM GEHT'S DENN HIER?

Für 3–8 Menschen ab ca. 10 Jahren
von Ulrich Baer und Alexander Rolland

Worum geht's bei „Worum geht's denn hier?"

Zu verschiedenen Bildern soll eine Gruppe ganz schnell Einfälle – Wörter – nennen. Auf der Rückseite der Bilder stehen Begriffe, werden diese Wörter genannt, gibt es Punkte für die Gruppe: für Standard-Begriffe je einen, für Extra-Wörter gibt es drei Punkte.

Es geht also um die sprachliche Umsetzung von Bildern, um Wortfelder, um schnelles Assoziieren und um kreative Einfälle. Dabei wird der Umgang mit Sprache genauso geübt wie die Kreativität.

Dieses Spiel kann man in verschiedenen Varianten spielen. Vor allem aber kann man es selber machen:

Schneiden Sie zusammen mit Ihrer Jugendgruppe Bilder aus Illustrierten oder Jugendzeitschriften aus und kleben Sie diese auf Karteikarten. Eine Gruppe schreibt Standard- und Extra-Assoziationen auf die Rückseite und diese Karten bilden dann die Spielaufgabe für die andere Gruppe.

Die Spielregel

Zum Spiel gehören: 12 Bildkarten (6 Fotos, 6 Wahrzeichen). Die Bilder sollten gemischt in einem Briefumschlag bereitliegen. Stift und Zettel zum Notieren der Punkte werden noch gebraucht sowie eine Uhr mit Sekundenzeiger.

Die Spielrunde teilt sich in zwei Gruppen (A und B), die sich gegenübersitzen, auf:

Ein Spieler bzw. eine Spielerin von Gruppe A bekommt die Uhr und stoppt genau 60 Sekunden. Wenn der Zeitnehmer „Jetzt" ruft, beginnt die Zeitmessung. Jemand aus Gruppe A zieht eine Bildkarte aus dem Umschlag und hält sie so hin, dass die Gruppe B das Bild und A die Begriffe sehen kann. Gruppe B ruft nun Begriffe, die ihnen zum Bild einfallen. Wird ein Einfall genannt, der auf der Kartenrückseite steht, dann notiert eine/r von Gruppe A einen oder drei Punkte, je nachdem ob ein Standard- oder ein Extra-Begriff genannt wurde. (weiter S. 171)

Hagia Sophia	**Brandenburger Tor**
Istanbul	Berlin
Türkei	Hauptstadt
Bosporus	Die Mauer, Mauerfall
Moschee	Vereinigung Deutschlands
Orient	13. August 1961, 9. November 1989
Minarette	Hitler, Fackelzug
Basar	Quadriga
Teppiche	Vopos
Allah	Durchmaschieren

Eiffelturm	**Colosseum**
Paris	Rom
Frankreich	Gladiatoren
Liebe	Caesar
Fahrstuhl	Sklaven
Pariser Mode	Löwen
Baguettes	Christen, Urchristentum
Spatz von Paris	Asterix
Nachtbar	Ruine
Kondome	Brot und Spiele

Tower Bridge	**Die kleine Meerjungfrau**
London	Kopenhagen
Themse	Stein
The Queen	Hafen
Nebel	Märchen
Gefängnis	Hans Christian Andersen
Beefeaters	Norden
Edgar Wallace	Smørebrød
Gentleman	Windräder
Dr. Jekyll and Mr. Hyde	rot/weiß

Picknick

Sommer, Sonnenschein
See, Teich, Wasser
Ausflug
Mädchen

Hunger
Erholung
Sonntag mit dem Vater
Heile Welt
Werbeplakat

Menschenmenge

Demo
Rock-Konzert
Wahlversammlung
Papst-Besuch

Woodstock
Marktplatz
Spielfest
Hier gibt's was kostenlos!
Rushhour in Hongkong

Reporter, Presse

Fotoapparate
Podest
Hoher Besuch
Prominenter

Prinzessin Diana
Paparazzi
Skandal
Yellow Press
Medienspektakel

Wildwasserfahrt

Boot
Abenteuer
River Rafting
Urlaub

Expedition
Rentner
Überlebenstraining
Männersport
Goretex-Werbung

Alte Leute

Nonne
Altersheim
Bank
Bushaltestelle

Warten
Schwätzen
Müde
Italien
Piazza

Indios

Mutter und Kind
Armut
Südamerika
Peru

Urlaub
Fremde Kulturen
Basar
Lampenschirm-Mütze
Nähkästen

Nach 60 Sekunden wird „Stopp" gerufen, die Karte beiseite gelegt und die Punkte addiert. Nun ist Gruppe A dran, Einfälle zu äußern zu einem von B hingehaltenem Bild.

Jede Gruppe sollte sechsmal an der Reihe gewesen sein. Dann kann mit den restlichen Bildern nochmal gespielt werden. Oder man spielt so lange, bis alle Bildkarten verwendet worden sind.

Eine schöne Variante des Spiels ist folgende:

Das verbotene Wort

Wird der erste Begriff der Liste von der Gruppe genannt, ist sofort Schluss für die Gruppe, auch vor Erreichen der 60 Sekunden. Hierbei ist dieses erste Wort sozusagen ein Tabu-Begriff, der unbedingt vermieden werden muss.

Die Spielregel kann noch verschärft werden, indem alle zu diesem Bild bereits erlangten Punkte verloren sind, wenn das verbotene Wort genannt wird.

Wo bekommt man neue Bilder her?

- Kleben Sie doch mal Bilder aus verschiedenen Fotoromanen von „Bravo" oder „Bravo Girl" oder anderen Jugendzeitschriften auf!
- Mir gefallen auch die verschiedenen Bildkartensätze, die Moritz Egetmeyer (Postfach 1251, 79196 Kirchzarten) in Deutschland herausgebracht hat: Oh-Karten, Saga-Karten, Ecco- und Habitat-Karten, Persona.
- Computergrafik-Freaks wissen, dass es zu vielen Grafikprogrammen und auch zu einigen Textverarbeitungen Bildersammlungen auf Diskette oder CD-ROM kostenlos dazu gibt. Diese kann man hervorragend für alle möglichen Bilderspiele oder zur Illustration von Spielplänen benutzen.

UND PLÖTZLICH …

Ein Spiel für 2–6 Personen. Es geht um Ihre Fantasie!
Wie reagieren Sie auf verrückte Situationen, in die heutzutage jeder kommen kann …?

In diesem Spiel gibt es
- 12 Karten mit Situationen (Sätze beginnen mit „Du …")
- 12 Karten mit Ereignissen (Sätze beginnen mit „Und plötzlich …)
- 6 Karten mit Fragen
- 6 Karten „Not-Reaktion"
- 1 Blatt mit der Punktetabelle „Deine Reaktion finde ich …"

Vorbereitung

Die Spielkarten auf den folgenden Seiten kopieren und auseinander schneiden. Der jüngste Mitspieler mischt alle Situationskarten und legt den Stapel mit dem Text nach unten in die Mitte. Daneben kommt der Stapel mit den gemischten Ereigniskarten und daneben schließlich der Stapel mit den sechs Fragekarten. Jeder bekommt eine Karte Not-Reaktion.

Spielbeginn

Der Spieler mit der größten Lebensweisheit (meistens der älteste?) beginnt und nimmt von jedem der drei Stapel die oberste Karte, legt sie vor sich hin und liest sie laut vor!
Dann soll er erzählen, wie er auf diese verrückte Situation reagiert. Nachfragen der anderen sind erwünscht.

Die Bewertung

Nun vergibt jeder Mitspieler für die Reaktion des ersten Spielers der Tabelle entsprechend seine Punkte. Die Punkte werden in Form von Streichhölzern, Pfennigstücken, Smarties oder Salzstangen (je nach dem, was gerade in genügender Zahl zur Hand ist) übergeben.

Und jetzt?

Die Karten werden wieder unter die Stapel gesteckt und nun ist der linke Nachbar des ersten Spielers dran. Dann folgt wieder die Punktevergabe von allen usw.
Nach jeder Runde werden alle Stapel gut durchgemischt!
Fällt einem mal wirklich keine Reaktion ein, darf die Not-Reaktion-Karte ausgespielt werden.

Ende des Spiels

Nach fünf Runden sind die Abenteuer beendet und jeder kann stolz seine Punkte zählen oder es auch bleiben lassen. Denn jetzt soll mit allen Streichhölzern oder Smarties (o. dergl.) ein großes Bild gemeinsam gelegt werden. Der Gewinner darf anfangen!

Du führst abends
deinen Hund aus ...

Du stehst entspannt
unter einer warmen
Dusche ...

Du fährst allein
im letzten Bus nach
Hause. An der
nächsten Haltestelle
geht die Tür auf ...

Du stehst mit
deinem Auto in
einem langen Stau
auf der Autobahn ...

Du sitzt gemütlich
in der Sauna,
schaust durch
das Türfenster
nach draußen ...

Du hörst gerade
Musik mit deinem
neuen Walkman ...

Du öffnest deinen
Kühlschrank,
um eine Cola
herauszunehmen …

Du fährst im Fahrstuhl
eines großen Büro-
gebäudes und hast
versehentlich auf
„Tiefgarage" gedrückt.
Der Lift hält, die Tür
geht auf …

Du liegst im Bett
und liest vor dem
Einschlafen noch
ein paar Seiten eines
spannenden Krimis …

Du bummelst spät
abends durch
die Altstadt. In einer
engen Seitengasse
siehst du eine Kneipe.
Du gehst hinein …

Du klingelst bei deinen
Nachbarn an der Tür.
Du hörst seltsame
Geräusche. Dann
geht die Tür auf …

Du kommst abends
von einer Tagung in
dein Hotel. Du schließt
die Tür deines Zimmers
auf …

*… und plötzlich kommt
ein Metzger auf
dich zugerannt und
ruft mit einem
langen Messer in
der Hand: „Da ist ja
die entlaufene Sau!"*

*… und plötzlich kommt
eine alte Kräuterhexe
auf dich zu und
flüstert: „Komm mit,
ich werde dich
das Paradies
erleben lassen!"*

*… und plötzlich steht
da ein Zollbeamter und
fragt dich: „Was machen
Sie denn hier?
Sie sind ja noch gar
nicht abgestempelt?!"*

*… und plötzlich hellt
sich der Himmel auf,
eine riesige Hand
kommt durch die Wolken,
zeigt auf dich
und fragt:
„Hast du mich gerufen?"*

*… und plötzlich steht
dir dein Chef gegenüber
und fragt:
„Wollen Sie eigentlich
überhaupt nicht
mehr arbeiten?"*

*… und plötzlich tut
sich vor dir die Erde auf.
Es poltert fürchterlich
und ein Mann mit
Hörnern, einem roten
Gewand und einem
Pferdefuß steht vor dir.*

... und plötzlich steht
dir ein riesiger Saurier
gegenüber!

... und plötzlich landet
neben dir ein
verwirrter Fallschirm-
springer!

... und plötzlich rennt
ein nackter Mann
auf dich zu!

... und plötzlich steht
dir ein schönes junges
Mädchen gegenüber
und behauptet,
sie sei eine Fee!

... und plötzlich kommt
ein Frosch auf dich
zugehüpft und erklärt,
er sei ein verwunschener
Prinz!

... und plötzlich bohrt
sich etwas in deinen
Rücken und jemand
ruft: „Hände hoch.
Geld her!"

Was wünschst
du dir jetzt?

Wie verteidigst
du dich?

Welche Gefühle
bekommst du
in dieser Situation?

Wie begrüßt du
die Erscheinung?

Wie kommst du
am besten wieder
aus der Sache heraus?

Womit beginnst
du am besten
ein Gespräch?

Not-Reaktion:
Ich versuche erst mal
Zeit zu gewinnen
und mache mich
dann stillschweigend
aus dem Staube …

Not-Reaktion:
Ich versuche erst mal
Zeit zu gewinnen
und mache mich
dann stillschweigend
aus dem Staube …

Not-Reaktion:
Ich versuche erst mal
Zeit zu gewinnen
und mache mich
dann stillschweigend
aus dem Staube …

Not-Reaktion:
Ich versuche erst mal
Zeit zu gewinnen
und mache mich
dann stillschweigend
aus dem Staube …

Not-Reaktion:
Ich versuche erst mal
Zeit zu gewinnen
und mache mich
dann stillschweigend
aus dem Staube …

Not-Reaktion:
Ich versuche erst mal
Zeit zu gewinnen
und mache mich
dann stillschweigend
aus dem Staube …

Deine Reaktion finde ich ...

irre, einfach irre!	+ 5
sehr einfallsreich!	+ 4
das einzig Wahre!	+ 3
witzig, lustig	+ 2
ganz o. k.	+ 1
sachlich richtig!	0
etwas hilflos	– 1
nicht passend	– 2
furchtbar	– 3

Deine Reaktion finde ich ...

irre, einfach irre!	+ 5
sehr einfallsreich!	+ 4
das einzig Wahre!	+ 3
witzig, lustig	+ 2
ganz o. k.	+ 1
sachlich richtig!	0
etwas hilflos	– 1
nicht passend	– 2
furchtbar	– 3

WAS MACHT DIE PERSON, WENN ...

Für Gruppen bis zu 10 Teilnehmern, Jugendliche oder Erwachsene. Man sollte sich gut untereinander kennen.

Ziel des Spiels

Bei jedem Spieldurchgang erhält jeweils ein Spieler ein differenziertes Feedback, während die anderen sich in ihn hineinversetzen und über dessen Verhalten in ungewöhnlichen Situationen spekulieren sollen.

Die Spielregel

Die Zettel auf den folgenden Seiten werden kopiert, ausgeschnitten und dann gemischt auf einen Stapel gelegt. Die Gruppe sitzt im Kreis. Ein Spieler, der einen anderen anschließend erraten soll, geht kurz vor die Tür oder hält sich ganz fest die Ohren zu. Währenddessen einigt sich die Gruppe auf jemanden aus dem Kreis, der erraten werden soll. Es kann auch derjenige sein, der raten soll. Ist allen klar, wer erraten werden soll, kommt der Rater wieder herein und nimmt den ersten Zettel vom Stapel. Er liest ihn vor und stellt diese Frage dem ersten Spieler links von ihm. Dieser überlegt, wie die zu erratende Person sich wohl in der Situation verhalten würde und sagt es dann. Der Rater nimmt dann den nächsten Zettel, stellt die Frage dem zweiten Spieler links von ihm usw.
Nachdem jeder in der Runde einmal gefragt wurde, kann der Rater einen ersten Rateversuch machen oder erst noch eine weitere Fragerunde abwarten. Erst nach dieser zweiten Fragerunde darf er dieselbe Frage mehreren Personen stellen. Abschließend nimmt die erratene Person Stellung, ob sie sich richtig eingeschätzt fühlt oder sich in der einen oder anderen Situation wahrscheinlich anders verhalten würde.

Variante

Es können auch Oberbegriffe gewählt werden: „Was wäre die Person, wenn sie ein Möbelstück (ein Auto, ein Tier …) wäre?" Die Antworten sollen sich an den Eigenschaften der zu ratenden Person orientieren.

Was macht die Person,
wenn ...
sie in einem Preisaus-
schreiben den Haupt-
gewinn von 10.000 DM
gewonnen hat?

Was macht die Person,
wenn ...
ihr Gegenüber bei einer
Bahnfahrt unvermittelt
Streit mit ihr anfängt?

Was macht die Person,
wenn ...
sie von einem ihr
bekannten Fotografen
gebeten wird, sich gegen
Geld für Aktaufnahmen
zur Verfügung zu stellen?

Was macht die Person,
wenn ...
ihr von einer Werbeagen-
tur für 14 Tage kostenlos
eine große Plakatwand
in der Innenstadt zur
Verfügung gestellt wird?

Was macht die Person,
wenn ...
ihr von einer großen
Zoo-Handlung zu
Werbezwecken für
ein Jahr ein Pferd
geschenkt wird?

Was macht die Person,
wenn ...
sie als Geburtstags-
geschenk einen
Gutschein für eine CD
bekommt?

Was macht die Person,
wenn ...
sie von Arbeitskollegen in
das Vorbereitungsteam
für den nächsten
Betriebsausflug gewählt
wird?

Was macht die Person,
wenn ...
sie beim Einparken
mit ihrem Auto
an einem anderen
Wagen einen kleinen
Kratzer verursacht?

Was macht die Person,
wenn …
sie beim Kölner Rosen-
montagszug mitlaufen
würde? Welche Maske,
welches Kostüm würde
sie tragen?

Was macht die Person,
wenn …
unverhofft eine Erbtante
zu Besuch kommt,
sie aber einige Porno-
hefte auf dem
Wohnzimmertisch
herumliegen hat?

Was macht die Person,
wenn …
sie in einem Kaufhaus
irrtümlich als Ladendieb
vom Detektiv öffentlich
zur Rede gestellt wird?

Was macht die Person,
wenn …
sie von ihrem Chef in die
Oper eingeladen wird,
aber klassische Musik
nicht ausstehen kann?

Was macht die Person,
wenn …
sie von einer älteren,
aber rüstig aussehenden
Frau in der Straßenbahn
aufgefordert wird,
ihr ihren Sitzplatz zur
Verfügung zu stellen?

Was macht die Person,
wenn …
ihr auf einer Fahrt mit
der Jugendgruppe ein
Streich gespielt wird
und die Hosenbeine
vom Pyjama zugenäht
wurden?

Was macht die Person,
wenn …
sie in einer fremden
Stadt abends in eine
Kneipe geht und drinnen
plötzlich feststellt, dass
es sich um eine „Schwu-
lenkneipe" handelt?

Was macht die Person,
wenn …
ihr im Urlaub in einem
osteuropäischen Land
in einer Seitenstraße
angeboten wird,
eine größere Summe
Devisen einzutauschen?

DIE SIEBEN BESTEN KREATIVIDEEN MIT FOTOS

Bei jedem der folgenden Spiele werden Bilder benötigt, am besten Fotos, Reklamepostkarten oder Illustriertenbilder.
Alle Fotos werden gemischt auf einen Stapel, mit der Abbildung nach unten, gelegt.

1. Wie ist das Ding beschaffen?

Sie nehmen ein Foto vom Stapel und nennen der Gruppe die Eigenschaften des vorrangig abgebildeten Begriffs (ohne ihn selbst zu nennen). Die Gruppe darf nach jedem Satz von Ihnen einen Rateversuch machen.

2. Erzähl ein Stück von dir!

Sie ziehen ein Foto und erzählen spontan Ihre Beziehung zu den abgebildeten Dingen. Welche Gefühle löst das Bild aus? Erinnerungen? Wünsche? Sympathie?

3. Was mag ich am liebsten?

Sie wählen drei Fotos vom Stapel und entscheiden sich für das Foto, das Ihnen am besten gefällt oder dessen abgebildete Situation Sie am ehesten mögen. Alle anderen in der Gruppe legen jede/r einen kleinen persönlichen Gegenstand oder eine Spielfigur zu dem Foto, von dem angenommen wird, dass Sie sich dafür entschieden haben. Dann geben Sie Ihre Wahl bekannt und begründen sie.

4. BILD-Titel, Zweizeiler-Vers oder den „abgeschlossenen Kurz-Krimi" erfinden

Zu einem gezogenen Foto formulieren Sie als Fotoreporter den spannenden Foto-Untertitel oder machen ein kleines Gedicht! Falls Ihnen zum gezogenen Bild nichts einfällt, dürfen Sie einmal ein anderes ziehen.

5. Das Lügen-Märchen

Erzählen Sie der Gruppe, was Sie auf einem gezogenen Foto alles sehen. Schummeln Sie eine Lügen unter Ihre Beschreibung. Wenn Sie geendet haben, schaut die Gruppe das Bild an und soll die drei „Lügen" herausfinden.
Die „Lüge" kann eine Vermutung, eine Unwarscheinlichkeit oder etwas sein, was man überhaupt nicht im Bild verifizieren kann.

6. Der Gruppen-Roman

Sie beginnen, ziehen ein Bild und erzählen den Anfang einer Geschichte, in der wesentliche Teile der Abbildung vorkommen. Dann übergeben Sie an den nächsten Mitspieler, indem Sie ihm ein neues Foto vorlegen: Der/diejenige soll die Geschichte fortsetzen und dabei den neuen Bildinhalt einbeziehen.

7. Bilder-Beziehung

Alle ziehen zwei Bilder zufällig aus dem Stapel und konstruieren still für sich eine verrückte oder logische Beziehung zwischen beiden Bildern. Dafür stehen zwei Minuten Zeit zur Verfügung. Dann deckt der Erste ein Bild auf und erzählt seine erstaunliche Geschichte, die mit dem Aufdecken des zweiten Fotos endet.

DIE SIEBEN BESTEN KREATIV-IDEEN ZUR MUSIK

Bekannte Musik mag mich vielleicht in eine gute Stimmung versetzen, aber sie trifft auf gewohnte Wahrnehmungsmuster und bereits gespeicherte Eindrücke, lässt keine neuen Verknüpfungen zu, weil sie in den bekannten Bahnen einrastet. Um auf- und anregende neue Eindrücke hervorzurufen, brauchen wir auch neue Musik. Damit neue Kombinationen bei uns im Gehirn stattfinden können (in beiden Gehirnhälften übrigens), hilft Musik, die uns neue Zusammenstellungen präsentiert.

Und so bieten sich vier Musikrichtungen als größte Fundgrube für unser akustisches Staunen an: Rap, Filmmusik, Techno und Worldmusic.

Beim Rap ist es vor allem die ständig aktualisierte, neue Kombination von Musik mit Text bzw. Sprechgesang, die ungewohnte neue Eindrücke hinterlässt.

Unbekannte Filmmusik setzt ganz viel Fantasie frei, weil es stimmungsvolle „Programmmusik" ist, die zumeist instrumental vorliegt.

Techno-Stücke kombinieren Musik mit Geräuschen oder rufen zumindest durch die synthetisch erzeugten Klänge und Klangzusammenstellungen Assoziationen zu Maschinen, Technik und Verkehrsgeräuschen hervor.

Unter dem Etikett Worldmusic sind in den letzten Jahren vor allem verpopte Volksmusik und multikulturelle Musikstücke herausgebracht worden: traditionelle Melodien mit Popmusik-Rhythmen verknüpft oder elektronische und traditionelle Instrumentierungen spielen Mixturen aus unterschiedlichsten (Musik-)Kulturen.

Die vorgestellten sieben Kreativ-Ideen kann man entweder alleine oder in kleinen Gruppen umsetzen. Jede Methode soll zu einem ausgewählten, fantasie-anregenden Musikstück angewendet werden. Am besten hört man das Stück mit geschlossenen Augen zunächst einmal an. Danach wird es nochmal gespielt und dann soll eine der sieben folgenden kreativen Aufgaben erfüllt werden. Dabei entstehen kleine Gestaltungen, die wirklich verblüffend fantasievoll sein können. Diese können so für sich genommen als kreatives Produkt ohne weitere Verwertung stehen bleiben. Wenn jedoch Kreativität zu einem bestimmten Problem gefragt ist, dann kann man versuchen, das zur Musik entstandene Produkt in Beziehung zu dem Problemthema zu setzen – vielleicht sieht man dadurch den Fall unter einem ganz neuen Blickwinkel.

1. Ein CD-Cover entwerfen

Farbstifte (am besten eignen sich Wachsmalkreiden) müssen bereitliegen und für jede/n ein quadratisches Stück Papier in der Größe 12 x 12 cm. Zu der Musik soll eine CD-Hülle gemalt werden.

2. Landschaft und Lebewesen malen

Farbstifte (Wachsmalkreide) und mindestens DIN A3 große Papierbögen bereitlegen. Beim Anhören der Musik mit geschlossenen Augen soll sich jede/r vorstellen, wie die Landschaft aussieht, in der man diese Musik hört – welche Lebewesen gibt es dort, welche Pflanzen, welches Klima? Dann wird anschließend zum nochmaligen Spiel der Musik diese Gegend gemalt. Gemeint ist nicht ein erdkundlich stimmiges Bild von der Gegend, aus der die Musik eventuell wirklich stammt, sondern eine Wiedergabe der Fantasiebilder, die einem beim Anhören vor Augen gekommen sind (ein Hinweis wie z. B. „Bilder von einem fremden Planeten, wo diese Musik zu hören ist" hilft manchen Gruppen, sich auf die eigene Fantasielandschaft zu konzentrieren).

3. Telefon-Männchen kritzeln

So wie beim Telefonieren manche Menschen kleine Männchen oder Muster kritzeln, so sollen spontan kleine Krakeleien während des ersten(!) Anhörens der Musik entstehen. Bei einem zweiten Anhören können die Muster und Figuren farbig ausgemalt werden. Danach – ohne Musikbegleitung – kann zu jedem Muster ein Titel erfunden werden und die entstandenen Figuren können Sprechblasen erhalten.

4. Körperhaltungen einnehmen

Spontan – bereits beim ersten Anhören – nimmt jede/r zur Musik passende, abwechselnde Körperhaltungen ein. Eventuell können beim weiteren Anhören in der Gruppe die Haltungen zu einer Bewegungsstudie kombiniert werden.

5. Mit Klötzchen spielen (Bierdeckel, LEGO, Pfeifenputzer, Streichhölzer)

Mit kleinteiligem, abstraktem Material zur Musik bauen, legen bzw. es zusammenstellen. Am besten eignen sich kleine Holzbausteine. LEGO geht auch, ist aber in der Kombinationsmöglichkeit beschränkter. Wenn man nur in der Fläche bleiben will, sind auch Streichhölzer (pro Person mindestens eine Schachtel) brauchbar. Anschließend wird dem Werk ein Name gegeben.

6. Collage zur Musik

Fotos, Texte und evtl. andere Materialien (Knöpfe, Stoffstückchen, Schnur, Metallteile ...) sollen passend zum Musikstück zu einer Collage kombiniert werden. Bei dieser Gestaltungsaufgabe ist eine längere Pause zwischen dem ersten, stillen Anhören der Musik und dem zweiten Abspielen nötig, in der die Materialien und Illustriertenausschnitte zusammengesucht werden.
Eine besonders effektvolle Variante ist die Gestaltung von Guckkästen mit anschließender Ausstellung.
Oder zeichnen Sie doch mal einen Stadtplan genau so, wie sich das Musikstück angehört hat. Und wie wäre es umgekehrt? Grundstrukturen einer Stadt in Musik umsetzen: Die Grobstrukturen eines Stadtplans werden dabei als grafische Notation für die musikalische Improvisation verstanden: Das fantasievolle Umsetzen einer grafischen Abbildung von Wirklichkeit in eine musikalische Abbildung von Wirklichkeit bringt viel Spaß. Geschwungene Rheinbögen z. B. werden mit Walzermelodien, die großen Straßenringe von Wien oder Köln mit großen Melodiebögen realisiert usw. Komponieren Sie in der Gruppe Ihre Stadt!

7. Massage

Bereits zum ersten Anhören der Musik massiert eine/r den Rücken des Partners so, wie er die Musik erlebt. Rollenwechsel dann zum zweiten Anhören der Musik.

Abschließend unser besonderer Musiktipp:
Musik und Geräusche für Spiel- und Tanzaktionen. Zusammengestellt von Ulrich Baer. Kallmeyer, Seelze 1999

4. TEIL
MATERIALIEN

Wirkt es bedrohlich oder
eher beruhigend?
Woher kommen die
Figuren und Fabelwesen?

I am what I am.

Carpe diem!
Nutze den Tag!

Wer nicht geliebt
wird unsterblich.

This day is the first
day of the rest of
your life!

In einem aufgeräumten Zimmer
ist auch die Seele aufgeräumt.

Das Leben ist hart.
Sei härter!

ählen Sie die
schichten der
verschiedenen

sich überhaupt
nicht wahr?

Lebenskünstler ist nicht
wer nur Schwierigkeit
beiseite räumen k
sondern wer an ih
noch zu wachse

RÄTSELBILDER

Diese Bilder (wie Sie sie auf den folgenden Seiten sehen) sind uns ein Rätsel! Weil wir nicht sofort erkennen, wie sie zustande gekommen sind oder weil wir den Bildinhalt nicht ohne weiteres Nachdenken verstehen.

Solche Bilder regen die Fantasie an, lassen uns Geschichten erfinden und Auflösungen für die Rätsel suchen. Unser Raten, Nachdenken und Ausdenken wird angeregt, alle kreativen Fähigkeiten kommen zum Einsatz. Zum Enträtseln der Fotos müssen wir manchmal die Perspektive wechseln, manchmal die gewohnte Bedeutung der abgebildeten Dinge außer Acht lassen und manchmal sogar das scheinbar Unmögliche für möglich halten.

Aus der Privatsammlung des Autors haben wir zwanzig merkwürdige Bilder ausgewählt, die uns ein Rätsel aufgeben. Die Rateaufgaben haben wir unter das Bild geschrieben und als kleine Hilfe bei einigen Bildern auch einige Antworten zur Auswahl aufgeführt. Die richtigen Lösungen und ein paar erklärende Worte finden Sie dann auf Seite 216–218.

Vorweg möchte ich noch die Versicherung schicken, dass kein Rätselbild digital manipuliert wurde. Die Merkwürdigkeiten sind wie abgebildet fotografiert worden und die Fotos sind nicht nachträglich mit Bildbearbeitungssoftware oder im Fotolabor verändert worden.

Bild 1: Dieses Bild wurde in einem „Museum der Merkwürdigkeiten" in San Francisco aufgenommen. Handelt es sich dabei um das Bild einer Ente oder eines Hasen oder von beiden Tieren?

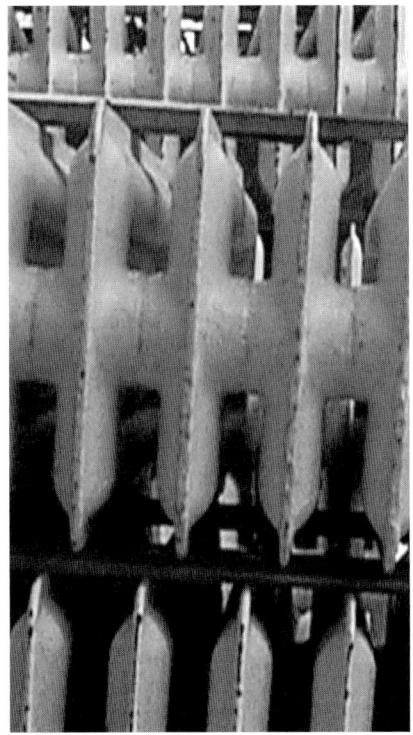

Bild 2: Was zeigt dieses Foto?

Bild 3: Wenn das Bild eine Aufnahme aus einem Satelliten oder einer Raumstation ist, wie kommt dann die Baumkrone ins Bild? Wenn das eine Aufnahme von der parziellen Sonnenfinsternis im Jahr 2000 ist, welche Art von Filterscheibe hat der Fotograf benutzt?

Bild 4: Die Steinhaufen auf einer Almwiese oberhalb des Schweizer Rhonetales im Kanton Valais/Wallis haben folgende Bedeutung:
Es handelt sich dabei um Gräber von Kühen (ähnlich wie die Hünengräber in der Lüneburger Heide), welche im 17. Jahrhundert von einer Seuche dahingerafft wurden, ähnlich wie die BSE-Krankheit heutzutage. Der Ausbruch dieser Seuche hatte damals über zwei Jahrzehnte die Schweizer Käseherstellung zum Erliegen gebracht.
Stimmt das alles? Stimmen nur bestimmte Teile? Ist alles ausgedacht?
Wenn alles erfunden sein sollte, was ist dann die Bedeutung dieser auffälligen Steinhügel?

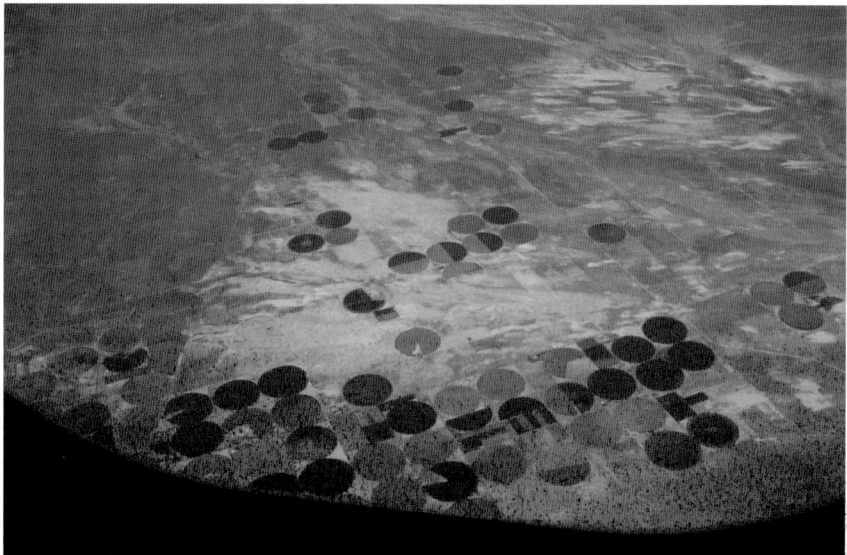

Bild 5: Was ist hier fotografiert worden? Wo befand sich der Fotograf zum Zeitpunkt der Aufnahme? Wenn man die Aufnahme eine Stunde später gemacht hätte, sähe es dann genauso aus?

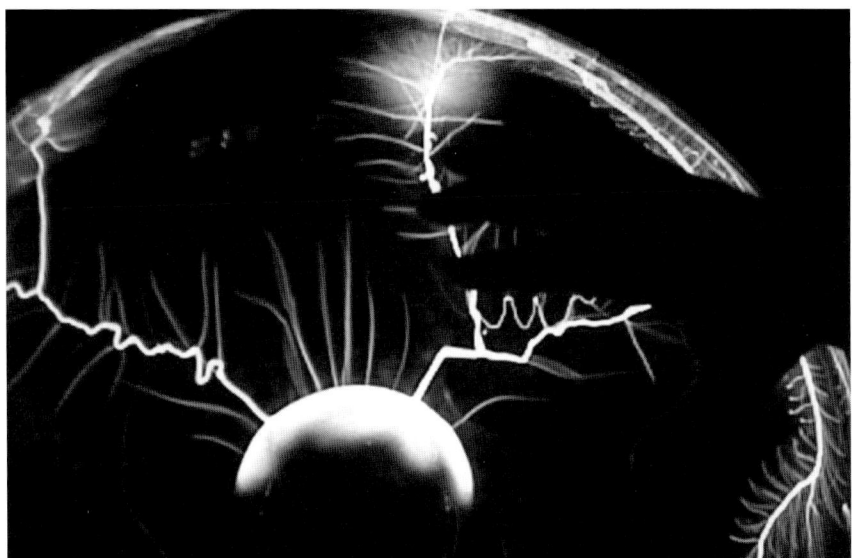

Bild 6: Worum handelt es sich hier?
A) Blitzsimulation bei einem physikalischen Experiment?
B) Ein interaktives Kunstwerk, bei dem die elektrische Entladung in der mit Edelgas gefüllten Glaskugel durch Berührung beeinflusst werden kann?
C) Ein großes gläsernes Modell des Innenraums des menschlichen Auges mit den Nervenbahnen auf der Netzhaut?
D) Die Darstellung des Klimas auf dem Planeten Venus?
E) Ein Funktionsmodell zum Erklären der neuen Lichttechnik in den Gasentladungsscheinwerfern, wie sie in der BMW 5er-Reihe und in der Mercedes C-Klasse verwendet werden?

Bild 7: Was machen die Beine im ersten Stock? Wo könnte das sein?

Bild 8: Das ist …
A) … ein Stück heruntergefallener Putz?
B) … Teil eines Wespennestes?
C) … ein Stück von einem Schwalbennest?
D) … ein ausgetrockneter Kuhfladen?

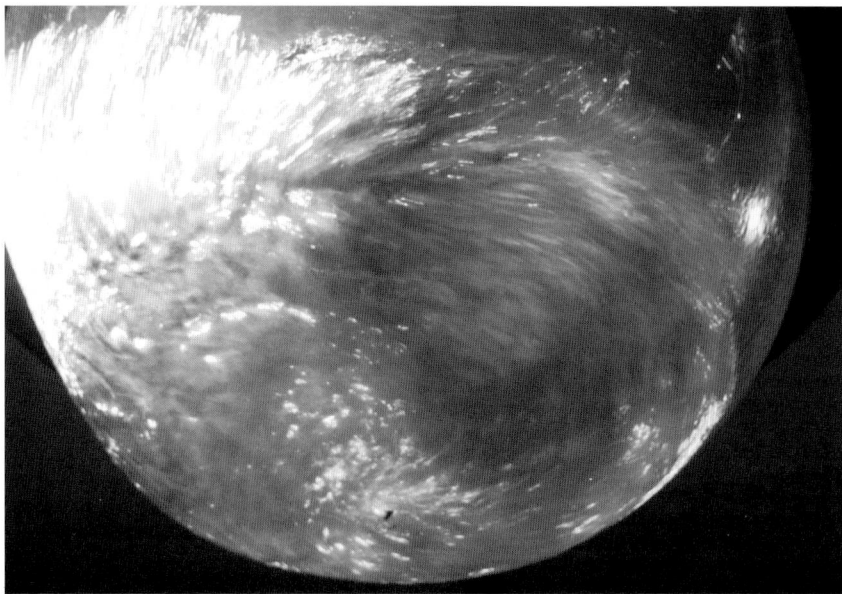

Bild 9: Was zeigt diese Aufnahme?
A) Das Bild eines Wetter-Satelliten?
B) Eine modern gestaltete Christbaumkugel?
C) Gefäß in einem Naturkundemuseum zur Veranschaulichung
   von Wasserströmungen?
D) Makroaufnahme eines UHU-Klebstofftropfens?

Bild 10: Was ist hier fotografiert?
A) Die aus farbigem venezianischen Glas gestaltete Decke der Eingangs-
halle zu einem neuen großen Casino und Hotel in Las Vegas?
B) Unterwasseraufnahme von Korallen und Quallen am Barrier Reef vor
der Küste Australiens?
C) Makroaufnahme von Schimmelpilzen und Einzellern (Amöben) auf
einem Glasträger?
D) Eine Kunstaktion mit einer großen Sammlung von Regenschirmen, die
von unten beleuchtet wurden und von dem Künstler Martin Köllmann als
Symbol für die durch das Ozonloch drohenden Klimakatastrophe gedacht
sind?
E) Die Reklame-Installation eines italienischen Eiscafés?

Bild 11: Was ist hier abgebildet?

Bild 12: Was ist das für ein Gebilde?

Bild 13: Was ist hier fotografiert worden?
A) Die Kuppel des Reichstags in Berlin, vom Rednerpult des Plenarsaals des Bundestages aus?
B) Das größte Observatorium der Welt in Palo Aalto?
C) Das Dach über dem Sony Center am Potsdamer Platz in Berlin?
D) Eine Raketenabschussanlage im Bundesstaat Colorado, USA?
E) Eine Großaufnahme vom runden Scherkopf eines Philips-Rasierapparates?
F) Das neue Solarzelt des Circus Roncalli, das es ermöglicht auch im Winter Vorstellungen zu geben?

Bild 14: Wie kommen die Trompete und das Plakat in die Aufnahme von der Straße?
Spiegelt sich die Straße im Schaufenster oder sehen wir Plakat und Trompete in einem Spiegel? Wieso scheint die Trompete zu schweben?

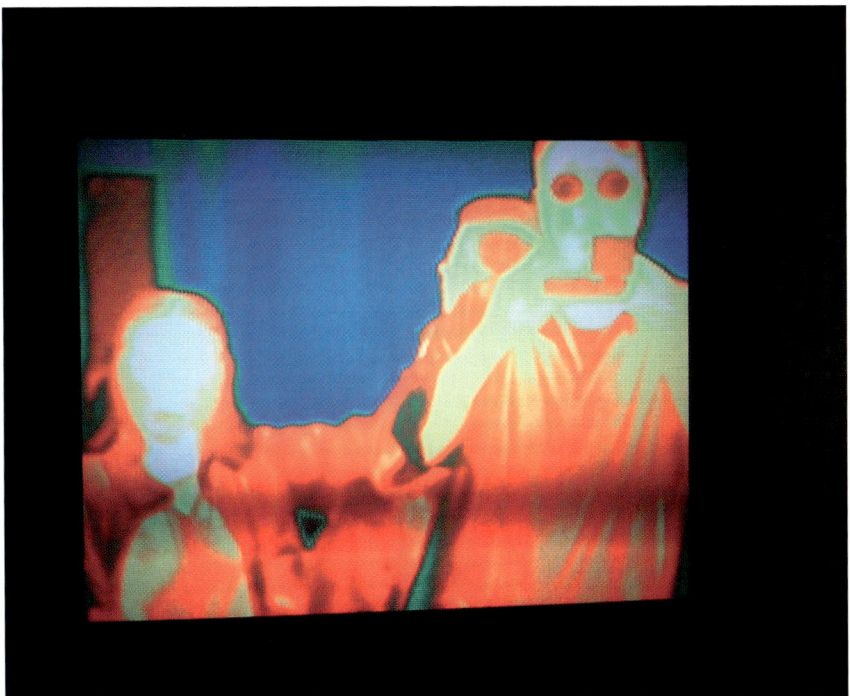

Bild 15: Hier sind der Fotograf und eine zweite Person abgebildet.
Wie kommt es zu diesem merkwürdigen Bild?

Bild 16: Was ist hier fotografiert worden?
A) Voyager-Aufnahme von Steinen auf dem Mars?
B) Stück eines versteinerten Baum im amerikanischen Nationalpark
   „Petrified Forest"?
C) Scherbe eines antiken Gefäßes aus Assuan/Ägypten?
D) Nahaufnahme vom Kiesstrand an der kroatischen Adriaküste?
E) Überreste einer antiken Säule aus Griechenland?

Bild 17: Warum springen die Kinder offensichtlich mit viel Spaß herum?
Was sind das für weiße Flecken?

Bild 18: Dieses Gemälde – oder besser gesagt diese Textilapplikation – wurde aus welchem Material gefertigt?

Bild 19: Diese menschliche Skulptur setzt sich aus lauter aufgeklebten Zetteln zusammen. Wie kommt das? Was sind das für Zettel?

Bild 20: Ist das Qualm, Rauch, Dunst, Nebel oder ein Gas? Warum sitzen die drei Männer trotzdem offensichtlich gerne da? Wo findet das Ganze statt?

SUCHBILDER

USA, 1878 (Currier und Ives), Washington an seinem Grab

George Washington
besucht sein
eigenes Grab –
finden Sie ihn?

England 1815 (unbekannt)

Suchen Sie auf diesem Bild
Napoleon, seine Frau und
seinen Sohn!

Ein Kopf mit
zwei Personen!

Ein Gesicht –
zwei Gemütsverfassungen

SURREALE BILDER ZUM GESCHICHTEN-ERFINDEN

Quint Buchholz, Der Sammler der Augenblicke (4)
© 1997 Carl Hanser Verlag, München/Wien

Was hat den Jungen veranlasst, sich auf den Weg zum Mond zu machen? Was erlebt er unterwegs? Trägt ihn das Seil die ganze Zeit oder braucht er Unterstützung?

Wohin fliegt dieser Mann und warum auf einem Buch? Welche Gedanken hat er im Gepäck?

Wie kommt es, dass die
Person fliegen kann?
Ist sie glücklich über ihre
Fähigkeit?
Wie ist ihr Verhältnis zu
den Vögeln?

Wo steht dieser Leuchtturm?
Warum sind die
drei Männer und das Pferd
auf dem Leuchtturm?
Welche Rolle spielen
die Vögel?

Welchen Eindruck vermittelt das Bild?
Wirkt es bedrohlich oder eher beruhigend?
Woher kommen die Figuren und Fabelwesen?

Erzählen Sie die Geschichten der verschiedenen Figuren: Sind sie glücklich? Welche Eigenschaften haben sie? Stehen sie in einer Beziehung zueinander oder nehmen sie sich überhaupt nicht wahr?

© Alp Ozberker, My Simple Life, 1997

Weshalb sind auf dem Bild
die meisten Formen spitz,
eckig oder kantig?
Wen bedroht das Wesen
rechts oben und warum?
Könnten der Gewicht-
heber und die Person
vor ihm ein und
dieselbe sein?

© Alp Ozberker, Theories on Jet Lag, 1997

Welche Figur ist
die fröhlichste?
Welche Figur hat es am
eiligsten und warum?
Zu was für einer Figur
gehört der Arm links im
Bild?

DER KREATIV-KRABBEL-KASTEN

Eine Ideenkiste für Ihr kreatives Alltagshandeln in allen Feldern der Jugend-, Bildungs- und Kulturarbeit

Lassen Sie sich hier in der einen Ecke auf der Seite anregen und stöbern Sie an einer anderen Stelle weiter, notieren Sie eine Idee und wandeln Sie einen anderen Gedanken so um, dass es für Ihren Anlass genau passt! Seien Sie nicht gleich enttäuscht, bloß weil etwas nicht sofort passend ausschaut oder weil Sie einen Vorschlag schon kennen – vielleicht fällt Ihnen eine Variante dazu ein. Oder ein Bild von diesen Seiten nistet sich subversiv in Ihrem Kopf ein, verblasst zunächst und taucht in einem Jahr wieder auf – gerade dann, wenn Ihnen die Idee sehr gelegen kommt. Wir präsentieren hier ein richtiges Kuddelmuddel von Vorschlägen und Tipps, Materialien und Adressen, Fotos und Literaturhinweisen. Keine Systematik, ein ästhetisches Layout und ganz vielfältige Anwendungsmöglichkeiten – das ist alles, was dahinter steckt: ausgebreitet für Ihr Lesevergnügen.

Interessate Kreativitätsadressen im Internet

Auf verrückte Ideen kommt man leicht, wenn man sich die verrücktesten Seiten im Internet anschaut.
Geben Sie dazu mal in eine Suchmaschine „crazy" oder „verrückt" ein! Sie glauben gar nicht, was Sie da an wahnwitzigen Anregungen und auch ernst zu nehmenden Verrücktheiten zu Tage fördern. Ihr Alltag wird Ihnen danach grau, öde und langweilig vorkommen, obwohl Sie sich doch schon immer für ziemlich kreativ gehalten haben …

Neuigkeiten, Zukunftsaussichten und Anregungen für Ihren Alltag finden Sie bei:
www.trendbuero.de
www.changes.de

Sprüche, Literatur und kreative Mitmach-Kunst finden Sie z. B. bei:
www.assoziations-blaster.de
www.dichtung-digital.de
www.erzaehlen.de
www.storypeople.com

Machen Sie doch mal mit beim Schreibspiel „Szenerie":
www.fiction-writing.de

Beim Pädagogen Josef Stöckl aus Wien können Sie kreative Denkspiele herunterladen:
www.crazybytes.at

Ein Geschicklichkeitsspiel aus Holz für die Theke des Jugendzentrums und für den Kindergarten, für den Chefschreibtisch zur Ablenkung und als Kreativaufgabe für Sie: Lassen Sie sich fünf verschiedene Lege- bzw. Spielaufgaben mit diesem Material einfallen! Lässt sich übrigens aus zurecht gesägten Leisten und halbierten Gardinenkugeln prima selbst herstellen! Und welche Legespiele könnte man mit vier Sets von diesem Material machen?

Und für die Strukturalisten unter den Lesern: Legen Sie mal mit Hölzern und Halbkugeln das Netzwerk, in das Ihre Institution eingebunden ist! Nehmen Sie die roten Hölzer für Konfliktbeziehungen und die grünen für gewünschte Strukturen, die blauen für Sachzwänge ...

Eine kleine Kreativaufgabe für Sie

Wozu kann man diesen schönen schlichten Roheisen-Leuchter verwenden? Was kann man alles reinstecken und anbringen – abgesehen von Kerzen?

Selbst gestaltete Lampen für die Darstellung von Gedichten oder was anderem …

Kreative Darstellungs- und Gestaltungsmöglichkeiten bei der Inneneinrichtung von Räumen im Kindergarten, Jugendclub und in der Schulcafeteria: Die tollen Papiertütenlampen von „earth friendly starlightz".

Bezugsadresse:
Trends, Große Straße 12,
27356 Rotenburg
Oder: Robin-Hood-Versand
Küppelstein 36
42857 Remscheid

Bezugsquellen für Materialien (Blanko Karten, Würfel u. a., zum Spieleerfinden: IPUR, Kötnerholzweg 30451 Hannover, Tel.: 05 11721 12 43 SCHUBI, Zeppelinstr. 8 78244 Gottmadingen, Tel.: 0 77 31/9 72 30

Ausgestellt im Gurkenglas

Witzige Gegenstände, Schülerarbeiten, durchleuchtete Kleinplakate, Kakteen … Wozu würden Sie diese tolle Präsentationsidee nutzen? In Lampenboutiquen erhältlich (rund 50 DM) oder leicht selbst herstellbar!

Die Step 21 – Box

Das ist die Kreativ-Kiste für Schule
und Jugendarbeit schlechthin:
Die gemeinnützige Initiative STEP 21 fördert mit und
unter Jugendlichen, Toleranz, Verantwortung, Zivil-
courage und Engagement. Kernelemente sind das
interaktive Medienpaket (STEP 21-Box) für die pädagogische Arbeit und ein damit verbundenes lebendiges Netzwerk an Aktionen, Wettbewerben und
Begegnungen (STEP 21-Netz). Gemeinsame Platt-
form ist www.step21.de (Web-Arena). STEP 21
ermöglicht somit die Öffnung von Unterricht und
baut eine Brücke
zwischen Schule und Freizeit, zwischen Lernen und
Erleben –
zukunftsorientiert und praxisnah.
Der Inhalt:
– 15 Comic-Hefte: In der STEP 21-Clique werden Probleme Jugendlicher
  erlebt.
– Musik-CD und Textheft
– Soap-Operas und Filme: didaktisch aufbereitete Montagen und Lang-
  versionen populärer Serien und Filme zu Themen wie Verhaltens-
  normen, Vorurteile, Gruppenzwang, Gewalt, Klischees
– CD-ROMs mit PC-Software zu Comics, Musik und Video: Jugendliche
  können in Eigenregie auf vielfältige Weise zu Autoren werden und
  Lösungsvorschläge gestalterisch umsetzen
– Tipps zu allen Medien: mit technischen Hinweisen und Ideen zum
  Selbermachen
– Schülerheft: mit Methoden, Arbeitsblättern und praktischen Ideen zum
  Aktiv-Werden
– Inhalte und Zugang für das Internet: Die STEP 21-Box ist auch digital
  nutzbar. Hier können Jugendliche ihre Meinungen und Medienprodukte
  präsentieren. Projekte werden organisiert, Kommunikation ermöglicht,
  Auszeichnungen verliehen und Öffentlichkeit geschaffen.
– Pädagogenbuch: viele Unterrichtsbausteine und detaillierte Steckbriefe
  zu allen Medien
– Informationsmaterial: zu laufenden Aktionen, Internet, Radio- und
  TV-Sendungen von STEP 21

Die STEP 21-Box kostet für Schulen, Jugendeinrichtungen und Privatbestel-
lungen ca. 100 DM und kann bezogen werden bei:
STEP 21, Jugend fordert! Gemeinnützige GmbH,
Baumwall 7, 20459 Hamburg,
Tel.: 0 40/78 37 21 33

Kreative Ideen zum Gruppen aufteilen

Verteilen Sie doch mal verschiedene Gewindeschrauben und Muttern. Personen, bei denen die Mutter auf die Schraube passt, bilden ein Paar. So unterteilt man auf witzige Art und Weise eine große Gruppe in zufällige Paare. Und Dreiergruppen, wie erzeugt man die mit den gleichen Materialien? Nehmen Sie dazu eine Schraube, dazu eine passende Mutter und dann noch eine ebenso große Flügelmutter.

Oder: Knöpfe. Jeder bekommt einen Knopf in die Hand – anschauen darf man ihn dabei nicht! Dann gehen alle kreuz und quer umher mit den Händen auf dem Rücken. Immer zwei Personen stellen sich Rücken an Rücken und versuchen festzustellen, ob sie die gleichen Knöpfe in den Händen haben. Wenn ja, bleiben sie zusammen und suchen eine weitere Person mit dem gleichen Knopf. So kann man auf lustige Weise Gruppen mit zwei, drei oder vier Personen bilden. Falls es Ihnen zu langwierig erscheint: Bedenken Sie, dass sich dabei die Personen mal auf eine weniger ernste und durchaus die Wahrnehmung sensibilisierende Weise begegnen.

Weiterdenken: Es müssen nicht immer Knöpfe sein: Lassen Sie sich andere preiswerte Materialien für die Gruppenbildung einfallen!

Ihr Kreativ-Trainer für 3 DM pro Heft!

Was völlig Neues für Rätselfreunde und andere, die gerne kombinieren, raten und ihr Denken schulen wollen – ein Heft mit 30 kniffligen Rätseln in neuer Form: Kreuzsummen müssen gebildet werden, Begriffe müssen kombiniert werden, umschriebene Begriffe sind zu raten und Logik-Puzzle sind zu lösen. Interessant für Vertretungsstunden in der Schule, für Ihr eigenes Kreativitätstraining oder auch für die Gruppenarbeit geeignet. Voraussichtlich erscheint alle zwei Monate ein neues Heft. „P. M. Kreativ-Trainer", Verlag Gruner & Jahr, Hamburg. Im guten Buch- und Zeitschriftenhandel.

Suchen Sie Kreativitäts-Referenten?

Für Jugend-, Sozial- und Kulturarbeit:
Ulrich Baer
Akademie Remscheid
Küppelstein 34, 42857 Remscheid
ubaer@aol.com

14 bundeszentrale Fortbildungsakademien erreichen Sie über diese Internetadresse:
www.zentrale-fortbildung.de

Ein deutschsprechender Theater- und Erzähl-Kollege aus Holland ist:
Marco Holmer
Postbus 107, NL-7400 AC Deventer

Für die Spielpädagogik hat sich ein Referenten-Netzwerk gegründet:
Netzwerk Spielpädagogik
c/o Gerhard Knecht
Küppelstein 34, 42857 Remscheid

Speziell zum Themenkomplex Kreativität und Neue Medien:
www.paedware.de

Und in Österreich vermittelt die AGB viele Kreativ-Referenten:
AGB
Paul Lahninger
Süßmeyerstr. 20, A-5020 Salzburg

Und eher an der kommerziellen Trainer-Szene orientierte Kreativitätsexperten finden Sie über:
www.managerseminare.de

Was man alles mit dem Computer selbst bedrucken kann

T-Shirts bedrucken, indem eine Transferfolie mit eigenen Sprüchen, Bildern oder Mustern bedruckt wird und dann schnell auf ein einfarbiges T-Shirt aufgebügelt wird – das kennt inzwischen jeder kreative Computerfreak. Aber schauen Sie mal das Spezialpapier-Angebot von Kodak, Data-Becker, Zweckform und anderen genau durch. Es ist wirklich fantastisch, welche kreativen Möglichkeiten heutzutage mit jedem Rechner und billigen Tintenstrahldruckern eröffnet werden: Tatoos, Visitenkarten, Sticker, Spielkarten, ein selbst gestalteter Monopoly-Spielplan, Banner & Poster, Transferfolie für Kaffeebecher …
Und das Neueste sind Werbekugelschreiber-Einlagen (im Set mit 5 Kugelschreibern, Fotopapier und Cutter). Oder eine Spezialfolie, die nach dem Bedrucken und Aufbacken zu einem dicken, harten Plastikstück zurechtschmilzt, zu gebrauchen als Namensrelief, Schlüsselanhänger, Spielfigur … Wahnsinn!

99 nutzlose Erfindungen

Ein Buch voller verrückter Ideen – einige sind wirklich völlig blöd, andere eigentlich ganz clevere Lösungen für typische Alltagsprobleme – auf jeden Fall immer etwas zum Schmunzeln oder lauthals Lachen.
Zwei Beispielseiten bilden wir für Sie ab:
S. 134/135 und Seite 147

Kenji Kawakami:
99 More Unuseless Japanese Inventions.
W. W. Norton & Co.
New York.
ISBN 0-393-31743-9

Baby Mops
✱ **Make your children work for their keep**

After the birth of a child there's always the temptation to say 'Yes, it's cute, but what can it do?' Until recently the answer was simply 'lie there and cry', but now babies can be put on the payroll, so to speak, almost as soon as they're born.

Just dress your young one in Baby Mops and set him or her down on any hard wood or tile floor that needs cleaning. You may at first need to get things started by calling to the infant from across the room, but pretty soon they'll be doing it all by themselves.

There's no child exploitation involved. The kid is doing what he does best anyway: crawling. But with Baby Mops he's also learning responsibility and a healthy work ethic.

Umbrella Hat
✱ **Look! No hands!**

People with packages, shoppers with shopping bags, or sightseers on strolls who just don't want to have to hold an umbrella up all the time: these are just a few of the folk who stand to benefit from the Umbrella Hat. No more accidentally jabbing people with your umbrella. And your arms are unencumbered to protect yourselves against jabs from others!

So it's a little less attractive when the sun comes out and you've got a closed umbrella sticking out of your head. But the merits of this handy headwear are otherwise endless.

14

Nachrichtenredaktion

Eine Laufschrift für Nachrichten in der Schule oder im Kulturzentrum: Eine kleine Nachrichtenredaktion betreut das Gerät und
programmiert es immer auf den aktuellen Stand! Acht Farben,
verschiedene Schriftarten, -zig Animationsmöglichkeiten, kleine –
auch selbst zu gestaltende – Piktogramme, bis zu 99 Texten!
Und wenn man es nicht im in diesem Fall teuren Elektronik-Handel
kauft, sondern bei Werbemittelfirmen oder beim Hersteller direkt,
dann ist es auch erschwinglich für Institutionen: 400–500 DM
in der Luxusausgabe mit bunten LEDs. Ein Gerät für Ihre kreative
Öffentlichkeitsarbeit!

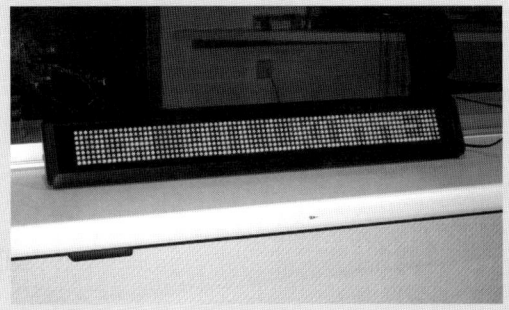

Produzent: H. Schneider GmbH., 22877 Wedel.
Natürlich kann man solche Laufschriften auch auf dem PC
entwickeln – z. B. mit mit dem Homepage-Editor von Microsoft
„Frontpage" – und die neuesten Schulnachrichten auf diese
Weise verbreiten!

25 SPRÜCHE ÜBER LEBENSKUNST

Lasst uns das Leben genießen, solange wir es nicht verstehn.

Das Leben ist wie eine Pralinenschachtel: man weiß nie, was man bekommt.

Lebe dein Leben und lass nicht das Leben dein Leben leben.

Was dich nicht umbringt, macht dich härter!

Lache, saufe, liebe, trabe … eben bis zum Grabe!

Wer nicht genießt wird ungenießbar.

I am what I am.

Das Leben ist hart. Sei härter!

Carpe diem! Nutze den Tag!

In einem aufgeräumten Zimmer ist auch die Seele aufgeräumt.

This day is the first day of the rest of your life!

Lebenskünstler ist nicht, wer nur Schwierigkeiten beiseite räumen kann, sondern wer an ihnen auch noch zu wachsen versteht.

Lebenskunst besteht zu 90 %
aus der Fähigkeit, mit Menschen
auszukommen, die man nicht
leiden kann.

Träume nicht dein Leben lang,
durchlebe deinen Traum!

Wer Großes will,
erreicht auch viel.
Setz dich nicht hin,
setz dir ein Ziel!

Zwischen Welt und Einsamkeit
ist das rechte Leben;
nicht zu nah und nicht zu weit
will ich mich begeben.

Lebe das Leben,
solange du es leben kannst.
Und lass nichts anbrennen!

Auf dem Ozean des Lebens
ist dein Herz
der beste Kompass.

Lebe wie du, wenn du stirbst,
wünschen wirst, gelebt zu haben.

Nicht wir leben unser Leben:
Gott lebt uns.

Lass das lange Vorbereiten!
Fang dein Leben an beizeiten.

Ehrlich leben,
niemand hassen –
leben und auch leben lassen.

Lass mich das Leben leben
wie das Leben eben ist.

Iss, was gar ist.
Trink, was klar ist.
Sprich, was wahr ist.
Zahl, was bar ist.

Mit Mädchen sich vertragen,
mit Männern rumgeschlagen.
Und mehr Kredit als Geld: so
kommt man durch die Welt!

25 ZITATE UND REDENSARTEN ZUR KREATIVITÄT UND FANTASIE*

Mit einigem Geschick kann man sich aus den Steinen,
die einem in den Weg gelegt werden, ein Treppe bauen.
Robert Lembke

Die herrschenden Ideen einer Zeit
waren stets nur die Ideen der herrschenden Klasse.
Karl Marx

Fantasie haben heißt nicht, sich etwas ausdenken;
es heißt, sich aus den Dingen etwas machen.
Thomas Mann

Wer zu spät an die Kosten denkt, ruiniert sein Unternehmen.
Wer immer zu früh an die Kosten denkt, tötet die Kreativität.
Philip Rosenthal

Die einzigen Behinderungen für die Verwirklichung unserer
Zukunft sind unsere gegenwärtigen Zweifel.
Franklin Delano Roosevelt

Jeder Künstler war anfangs ein Amateur.
Ralph Waldo Emerson

Ganz neue Zusammenhänge entdeckt nicht das Auge,
das über ein Werkstück gebeugt ist, sondern das Auge,
das in Muße den Horizont absucht.
Carl Friedrich von Weizsäcker

Fantasie ist etwas, was sich manche Leute
gar nicht vorstellen können.
Gabriel Laub

Begebe dich in eine gefährliche Lage –
dort wirst du die Früchte deines Risikos ernten.
Will Rogers

Kreative Geister sind dafür bekannt,
dass sie jede schlechte Ausbildung überlebt haben.
Anna Freud

Wie oft verwechselt man Einfälle mit Ideen.
Friedrich Hebbel

Man weiß nie, was daraus wird,
wenn die Dinge verändert werden. Aber weiß man denn,
was draus wird, wenn sie nicht verändert werden?
Elias Canetti

Abenteuer beginnen im Kopf.
André Heller

Unser Kopf ist rund, damit das Denken
die Richtung wechseln kann.
Francis Picabia

Das Geheimnis des Erfolges? Anders sein als die anderen.
Woody Allen

Der Weg zur Quelle führt gegen den Strom.
Kurt Biedenkopf

Alle Menschen haben die Anlagen, schöpferisch zu arbeiten.
Die meisten merken es bloß nie.
Truman Capote

Eine Idee ist das, was noch nicht genügt.
Manfred Hinrich

Nur wer erwachsen wird und ein Kind bleibt, ist ein Mensch.
Erich Kästner

Der Sinn einer Idee ist ihre Verwirklichung, und taugt
die Verwirklichung nichts, war die Idee für die Katz.
Hans Kasper

Der Pessimist sieht in jeder Chance ein Problem,
der Optimist in jedem Problem eine Chance.
Horst Tappert

Wir brauchen freie Räume zum Fliegen und von Wand zu Wand
gespannte Netze, die uns auffangen, wenn wir abstürzen.
Ulrich Baer

Alle großen Erfindungen, alle großen Werke sind das Resultat einer
Befreiung, der Befreiung von der Routine des Denkens und Tuns.
Arthur Koestler

Das Alte stürzt, es ändert sich die Zeit,
und neues Leben blüht aus den Ruinen.
Friedrich Schiller (Wilhelm Tell)

Weltverbesserung
fängt zu Hause an.
Pearl S. Buck

*zum Teil gesammelt aus den folgenden
Büchern:

Duden, Zitate und Aussprüche, Band 12.
  Dudenverlag: Mannheim 1993
E. Puntsch: Zitatenhandbuch. Rheinbaben
  & Busch Verlag: München

E. G. Tange: Zitatenschatz für Lebens-
  künstler. Eichborn Verlag: Frankfurt/Main
  2000
A Box of Thoughts on Creativity. Chronicle
  Books. San Francisco 1999
R. v. Oech: Creative Whack Pack. U.S.
  Games Systems: Stamford 1992

LÖSUNGEN ZU DEN RÄTSELBILDERN
AUF DEN SEITEN 188–197

Bild 1: Zwei Tiere in einer Zeichnung: Dreht man das Bild etwas nach rechts, erkennt man den nach rechts schauenden Hasen. Ein bekanntes historisches Vexierbild.

Bild 2: Bei einer Gebäuderenovierung wurden alle alten Heizkörper der zentralen Warmwasserheizung vor dem Abtransport zum Schrottplatz übereinander am Straßenrand gestapelt.

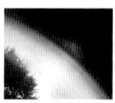
Bild 3: Das Foto wurde von der Sonnenfinsternis mit einer vor das Kameraobjektiv gehaltenen CD gemacht. Das Loch der CD gibt den Blick auf die Baumkrone frei.

Bild 4: Nein, nichts stimmt. Alles erfunden. Der tatsächliche Grund für die auffälligen Steinhaufen ist mir nicht bekannt.

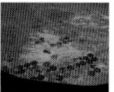
Bild 5: Zu sehen sind hier die kreisförmig bewässerten Felder in der Wüste im Westen der USA, vom Flugzeug aus fotografiert. Je nach Bewässerungsgrad verändert sich das Bild laufend.

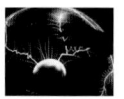
Bild 6: B) ist richtig. Diese Kunstwerke kann man in Geschenkläden oder vereinzelt in Museumsshops kaufen.

Bild 7: Werbung für ein Modegeschäft auf der Height-Street im Hippie-Viertel von San Francisco.

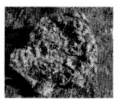
Bild 8: D) ist richtig.

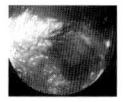
Bild 9: C) ist richtig. Eine Aufnahme aus dem Hands-on-Museum „Exploratorium" in San Francisco.

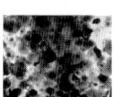
Bild 10: A) ist richtig. Hotel und Casino Bellagio in Las Vegas.

Bild 11: Es handelt sich um Felsgestein, das mit Algen, Pilzen und Moos bewachsen ist.

Bild 12: Ein Kunstwerk, das im Park des „Meteoriten" steht, bunt leuchtet, sich hin und her neigt und ab und an oben einen Wasserspritzer von sich gibt. Der Meteorit ist eine Art Museum mit mehreren Räumen, in denen optisch-akustische Besonderheiten passieren (z. B. eine Art Spiegelkabinett, ein meditativer Raum mit einem bunten Glasfasergewirr an Wänden und Decke). Der Komplex wurde zum 100-jährigen Bestehen des Energieunternehmens RWE (in Essen) von André Heller entworfen.

Bild 13: C) Sony-Center-Dach am Potsdamer Platz in Berlin.

Bild 14: Trompete und Plakat sind die Dekoration im Schaufenster eines kleinen Restaurants. Sie sind an dünnen Nylonfäden aufgehängt. In der Fensterscheibe spiegelt sich die Straße. Wenn man in der Realität vor dem Schaufenster stehen würde, erkennt der Mensch mit seiner trainierten Wahrnehmungsfähigkeit sofort, was gespiegelt und was hinter der Scheibe ist, weil wir die unterschiedliche Entfernung der Dinge sehen und das Auge fokussiert selektiv (wählt aus). Die Kamera kann die Bedeutung der Bildteile nicht hervorheben und stellt sie praktisch gleichwertig dar.

Bild 15: Bei einer Ausstellung über den menschlichen Körper hat eine Spezial-Videokamera den Besuchern ein Bild von der Wärmeverteilung ihres Körpers gezeigt (Brillengläser und Fotoapparate sind kalt, Augenhöhlen warm usw.). Die Projektion dieser Videobilder ist fotografiert worden.

Bild 16: B) ist richtig.

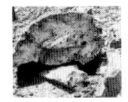

Bild 17: Eine Momentaufnahme von einem Springbrunnen bei den Universal Filmstudios in Los Angeles. Die Wasserdüsen sind ebenerdig in das Pflaster eingelassen und spritzen immer überraschend und unregelmäßig. Die Kinder versuchen, auf die Löcher zu treten und werden dabei furchtbar nass – zu ihrem Vergnügen und zum Ärger der Eltern.

Bild 18: Das Bild wurde zusammengesetzt aus getrockneten Textilflusen, die im Flusensieb von Waschmaschinen und Trocknern hängen bleiben.

Bild 19: Jeder Museumsbesucher bekommt einen Klebezettel als Eintrittsnachweis, den man sichtbar tragen soll. Am Ausgang kann man seinen Zettel auf die Skulptur kleben.

Bild 20: Die drei Männer sind Zoo-Besucher. Sie sitzen in einem Teil des Zoos von San Diego, der mit Wasser besprüht wird, um für die Tiere und Pflanzen in diesem Zoo-Areal eine tropische Luftfeuchtigkeit zu schaffen. Da es in San Diego (im Süden Kaliforniens) im Sommer sehr warm wird, empfinden die Besucher den künstlichen Nebel als angenehme Erfrischung.

STICHWORTREGISTER

Hinweis:
Bei mehr als fünf Seitenverweisen haben wir einige Seitenangaben **fett** gedruckt: Wir empfehlen, dort zuerst nachzuschlagen.

ÜBER DEN AUTOR

Ulrich Baer

Erziehungswissenschaftler mit den Schwerpunkten Jugendarbeit und Spiel-
pädagogik, Jahrgang 1945, aufgewachsen und studiert in Berlin, Diplom-
Pädagoge, dann Verlagslektor und Hochschulassistent, seit 1973 Dozent,
Studienleiter und stellv. Direktor der Akademie Remscheid für musische Bil-
dung und Medienerziehung. Herausgeber der Fachzeitschrift für kreative
Gruppenarbeit „gruppe & spiel". Autor zahlreicher Spiele und Bücher (u. a.
666 Spiele, Lernziel: Lebenskunst). Weitere Schwerpunkte: Digitalfotografie,
Computergrafik, Fortbildungsdidaktik.

INHALT UND ANWENDUNG DER CD-ROM

Spiele, Bilder und Materialien zum Buch „Kreativität für alle"

- 13 Rätselbilder
- Spiele als Anregung zum Erfinden von Geschichten, Namen, Projektthemen: Wortmixer, Silbenmixer, Bildermixer
- Das Regenbogenkonzept. Kreative Methoden für die Arbeit mit behinderten Menschen
- Foto-Click! Ein Ratespiel
- Fotogeschichte „3 Monate Probezeit für Tommi"
- 57 Bilder von Bäumen zum Geschichten erzählen und als Kennenlernspiel (zusätzlich auch zum Ausdrucken)

Arbeitspapiere und Mind-Maps im doc-Format:
- Checkliste zur Veranstaltungsplanung
- Fotogeschichten selber machen (siehe Buch S. 42)
- Kreative Gestaltung von Berichten
- Kreative Themen für Projekte und Spielaktionen
- Kreative Öffentlichkeitsarbeit
- Mindmaps zur Kreativität (siehe Buch S. 79)
- Spielideen mit Zitaten
- Teamentwicklung
- Traumkarten (zum Ausdrucken, siehe Buch S. 108)
- Veranstaltungsplanung lernen
- Zitate Kreativität
- Zitate Lebenskunst

Die CD startet, wenn Sie sie in das Laufwerk einlegen. Sollte die Autostartfunktion auf Ihrem Rechner abgeschaltet sein, geben Sie unter Start/Ausführen X:/kreativ ein (wobei Sie X durch den Buchstaben Ihres CD-ROM-Laufwerks ersetzen müssen).
Die Programme benötigen keine Installation, sondern können direkt von der CD-ROM ablaufen. Sie können sich aber auch den kompletten CD-ROM-Inhalt in einen Ordner auf Ihrer Festplatte kopieren und die Programme von dort aus starten (kreativ.exe), dadurch werden Bilder etwas zügiger dargestellt. Alle Programme können jederzeit mit der Esc-Taste beendet werden.
Diese CD-ROM benötigt folgende Systemvoraussetzungen:
PC mit Windows$^{(R)}$ 95, 98, Me, 2000 oder NT, CD ROM-Laufwerk.
Grafik: mind. 800x600, 15 bit.